Johann Anselm Steiger · Unverhofftes Wiedersehen mit Johann Peter Hebel

Johann Anselm Steiger

Unverhofftes Wiedersehen mit Johann Peter Hebel

Studien zur poetischen und narrativen
Theologie Hebels

PALATINA VERLAG

Gedruckt mit Unterstützung der THEODOR SPRINGMANN STIFTUNG

Die Deutsche Bibliothek – CIP-Einheitsaufnahme

Steiger, Johann Anselm:
Unverhofftes Wiedersehen mit Johann Peter Hebel : Studien zur poetischen und narrativen Theologie Hebels / Johann Anselm Steiger. – Heidelberg : Palatina-Verl., 1998
ISBN 3-932608-13-5

ISBN 3-932608-13-5
Copyright © 1998 by Palatina Verlag Julian Paulus, Heidelberg.
Alle Rechte vorbehalten. Jede Verwertung des Werkes außerhalb der Grenzen des Urheberrechtsgesetzes, insbesondere Nachdruck, Mikroverfilmung und Speicherung in Datenverarbeitungsanlagen, ist unzulässig.
Druck: Hubert & Co., Göttingen
Printed in Germany

Inhalt

I
Die Kalendergeschichte als biblisch-narrative Predigt. Johann Peter Hebels ›Franziska‹ im Vergleich mit deren Quelle (G. K. Pfeffel)

1. Einleitung	9
2. Text der literarischen Vorlage (Pfeffel)	10
3. Text der Hebelschen Bearbeitung	13
4. Vergleichende Interpretation	17

II
›Die Vergänglichkeit‹ und die Apokalyptik der Alemannischen Gedichte

1. Text der ›Vergänglichkeit‹	45
2. Interpretation	49

III
Hebel und die Juden

1. Der historische Kontext der Judenemanzipation	67
2. Hebels originärer Beitrag zur Judenemanzipation	73

IV
Ein neu aufgefundener Erstdruck Johann Peter Hebels. Hebels Kantate auf die Eröffnung des Karlsruher Museums am 12. Mai 1809

1. Der Fund, die Entstehungsgeschichte und der historische Ort der Quelle	95
2. Text der Quelle	101

V
Der Konflikt zwischen Hebel und Johann Ludwig Ewald um die Einrichtung einer ›Biblischen Geschichte‹ für den Schulgebrauch

1. Die Ausgangssituation	111
2. Der Streit um Ewalds Bibelgeschichte	113
3. Der Streit um von Schmids Bibelgeschichte und deren Bearbeitung durch Ewald	117

VI
Kalender, Kurzgeschichte und Predigt. Johann Peter Hebels ›Unverhoftes Wiedersehen‹

1. Text des ›Unverhoften Wiedersehen‹	127
2. Interpretation	130
3. Das ›Unverhofte Wiedersehen‹ und seine Quelle	170

ANHANG

Abkürzungen	177
Namenregister	179
Bibelstellenregister	182

I
Die Kalendergeschichte als biblisch-narrative Predigt

Johann Peter Hebels ›Franziska‹ im Vergleich mit deren Quelle (G. K. Pfeffel)

1. Einleitung

Hebel hat für eine ganze Reihe seiner Kalendergeschichten auf Vorlagen und Quellen zurückgegriffen und sie poetisch und theologisch bearbeitet. Das ist bekannt und trifft nicht nur für das ›Unverhofte Wiedersehen‹ zu.[1] Hebel hat offensichtlich so etwas wie einen Zettelkasten gehabt, in den er Zeitungsausschnitte oder sonstige Notizen hineinlegte, um sie später für die Abfassung seiner Kalenderbeiträge zu benutzen. Die Hebel-Forschung ist in der glücklichen Lage, inzwischen mehrere solcher Vorlagen zu kennen.[2] Aus dieser Quellenkenntnis ergibt sich eine unschätzbare Bereicherung des interpretatorischen Umgangs mit Hebels Texten, denn gerade im Vergleich von Vorlage und Bearbeitung kann nachvollzogen werden, wie Hebel als Dichter und Theologe gearbeitet hat. Wir dürfen Hebel sozusagen in seiner Werkstatt über die Schulter schauen und seine literarisch-poetischen und theologischen Eigenarten besser kennenlernen. Im folgenden soll daher Hebels Kalendergeschichte ›Franziska‹[3] mit ihrer Quelle verglichen werden. Es soll danach gefragt werden, wie Hebel seine Vorlage biblisch kommentiert hat, sich zur Nacherzählung dieser Geschichte biblische Sprache geliehen hat, den Kalender zur Predigt des Wortes Gottes hat werden lassen und wie er die Sprache der Luther-Bibel in ein modernes, säkulares Medium hat hineinfließen lassen: in den Kalender.[4] Darauf ist seither in der Hebel-Forschung zu wenig geachtet worden.

Zu ›Franziska‹ fand Hebel seine Quelle im »Freyburger Wochenblatt« vom 5. Dezember 1812. Die Anekdote wurde aus Gottlieb

---

Leicht überarbeitete Fassung des gleichnamigen Aufsatzes in: Euphorion 90 (1996), S. 277-299.
[1] Vgl. hierzu u. Kap. VI und: J. A. Steiger, Bibel-Sprache, Welt und Jüngster Tag bei Johann Peter Hebel. Erziehung zum Glauben zwischen Überlieferung und Aufklärung (= Arbeiten zur Pastoraltheologie 25), Göttingen 1994, S. 303-306 und zur Interpretation dieser Geschichte S. 259-302.
[2] Vgl. ebd., S. 161-176. Die Hebel-Edition wird über die von ihr aufgefundenen Quellen in den geplanten Kommentarbänden unterrichten.
[3] Johann Peter Hebel, Sämtliche Schriften. Kritisch hg. von Adrian Braunbehrens, Gustav Adolf Benrath, Peter Pfaff, Bde. II/III, Karlsruhe 1990 (zit.: Hebel II bzw. III), Bd. V, Karlsruhe 1991 (zit.: Hebel V), hier: Hebel III, S. 423-429.
[4] Vgl. Steiger, Bibel-Sprache, a. a. O. (wie Anm. 1), S. 342, These 1.

Konrad Pfeffels (1736-1809) Nachlaß veröffentlicht.[5] Ihr Text wird hier vollständig wiedergegeben.

2. Text der literarischen Vorlage (Pfeffel)

Franziska,
oder der Lohn der Redlichkeit.
Eine wahre Anekdote.

In E. lebte unlängst eine arme Wittwe mit ihrer Tochter, die sich
5 mit Spinnen in den dortigen Manufakturen ernährten. Die Wittwe wurde krank und lag lange; Franziska that, was sie konnte, um ihre arme Mutter zu pflegen, ihr geringer Taglohn reichte aber so wenig zu, daß sie endlich genöthigt ward, des Abends umher zu gehen, und mildthätige Herzen um ein Allmosen anzusprechen. Endlich
10 starb die Mutter, und kaum war sie begraben, so verschwand Franziska, niemand wußte, wo sie hingekommen war.

Sie hatte viel von Holland gehört, wo so manche Fremden schon ihr Glück fanden, und die Ueberlegung, daß es ihr da wenigstens eben so gut als in E. gehen könne, führte sie dahin. Den ganzen Weg
15 über bettelte sie, und lebte überaus kümmerlich, um so viel Geld zu ersparen, daß sie sich kleiden und die schlechtempfehlenden Lumpen ablegen könnte. Sie war bis nach Rotterdam gekommen, wo sie sich endlich im Stande sah, sich einen zwar geringen, aber reinlichen Anzug anzuschaffen. Von aussen geputzt, und innerlich von einem
20 allmächtigen Zutrauen auf Gottes Führung gestärkt, ging sie nun in den Straßen dieser Stadt umher, fest entschlossen, sich gänzlich der unsichtbaren Hand zu überlassen, die ihr auf ihrem weiten Wege so manchen Wohlthäter erweckt hatte. Zuletzt faßte sie sich ein schönes, großes Haus in's Auge, und ohne langes Bedenken ging sie hin-
25 ein. Eine freundliche Matrone fütterte im Hofe ihre Hühner, und fragte sie sehr liebreich: Was willst du, mein Kind? Madame, ant-

---

[5] Den Hinweis auf diese Quelle verdanke ich einer Mitteilung der Hebel-Edition. Zu Pfeffel vgl. Bibliographie der Forschungsliteratur, in: Wilhelm Kühlmann und Walter Ernst Schäfer, Zwischen Direktorium und Empire. Die Briefe Gottlieb Konrad Pfeffels an Johann Gottfried Schweighäuser (1795-1808), Heidelberg 1992, S. 249-280.

wortete sie in ihrer plattdeutschen Landessprache, ich komme weit
her, bin arm, suche Dienst und fürchte, keine[n] zu bekommen,
weil ich meine ganze Habe auf dem Leibe trage. Die sollst du bei
mir haben, meine Tochter, antwortete die Dame. Franziska blieb
da, diente von unten auf durch alle Stufen, und bekam endlich
wegen ihres Wohlverhaltens die Stelle einer Kammerjungfer.
Die Dame war eine geborne Engelländerinn, und Witwe eines
holländischen Kaufmanns. Ihr Neffe war der englische Doktor B.,
der in Genua bei seinen dortigen Landsleuten die Arzneiwissenschaft
ausübte. Dieser Doktor B. hatte die Gewohnheit, alle paar Jahre
seine alte Tante zu besuchen, und kam auch jetzt nach Rotterdam,
als Franziska eben die Kammerjungferstelle erhalten hatte. Sie war
wegen ihres Verstandes und Herzens der Liebling ihrer Herrschaft
geworden. Doktor B. sah sie nur, als sie einmal durchs Zimmer
ging; ihre Bildung gefiel ihm ausserordentlich, und als er die Lobes-
erhebungen seiner Tante hörte, beschloß er, sie zu heirathen. Diesem Entschlusse war die Wittwe auch so wenig zuwider, daß sie die
Dollmetscherinn bei der Liebeserklärung ihres Neffen abgab. Franziska, die nicht wußte, wie ihr geschah, konnte nur auf vieles Drin-
gen ihr Ja aussprechen.

Indessen wollte der Bräutigam sie nicht so unwissend mit sich
nehmen. Er fragte sie, was sie noch lernen wollte. Außer der eng-
lischen, französischen und italiänischen Sprache wählte sie noch die
Erdbeschreibung, Geschichte, Naturlehre und Zeichenkunst, und
auf sein Bitten entschloß sie sich auch reiten zu lernen[.] Doktor B
bezahlte alle Lehrer zum voraus, und reiste so nach Genua zurück.
Die bisherige Kammerjungfer wurde nun die Gesellschafterinn ihrer
Gebieterinn, und lernte so fleißig, daß vom ganzen Tag ihr nur Eine
Stunde übrig blieb, und diese wandte sie dazu an, ihrem Bräutigam
Proben ihrer wachsenden Geschicklichkeit zuzusenden. Nach Jah-
resfrist kam Doktor B. wieder, und fand, daß sie ihre Zeit über alle
Erwartung wohl angewandt hatte. Er war darüber so entzückt, daß
er nicht einmal warten konnte, bis Franziska ganz fertig war. Im
Pudermantel und mit halb vollendetem Haarputze ließ er sich mit
ihr trauen. Nun ging er mit ihr nach Italien, mußte ihr aber die
Freude machen, sie zuvor in ihren Geburtsort zu führen. Der Wirth,
bei dem sie abstiegen, war nicht wenig erstaunt, als die gnädige Frau
im Amazonenkleide ihn bei seinem Namen nannte, und ganz ver-

traut bewillkommte. Er wußte sich vollends nicht zu fassen, als sie ihm mit der größten Freundlichkeit sagte: Ei! kennen Sie die arme Franziska nicht mehr? Ich bin gekommen, nicht nur Ihnen, sondern allen meinen edelmüthigen Wohlthätern, die mich und meine arme Mutter ehmals mit einem Almosen erquickten, zu danken. Das that die nunmehr reiche Franziska wirklich, in ganz E wurde kein Haus übergangen, und überall dankte Doktor B auch. Allein der große und kleine Pöbel in E war so moralisch orthodox, daß man den Gassenjungen durch die Finger sah, welche auf die blosse Vermuthung, Franziska möchte entweder Doktors Gemahlinn nicht seyn, oder auf bösen Wegen dieses Glück erlangt haben, das edle Paar mit Koth und Steinen warfen, so daß sie mehrmals in die Häuser flüchten mußten.

Franziska hatte noch 3 Brüder in E., davon waren zwey Weber, und der dritte hatte noch keinen eigentlichen Beruf. Der erste Bruder saß ganz fleißig am Webstuhl, als die vornehme Dame mit dem Herrn hereintrat, und meinte zu träumen, als sie ihm mit dem ganzen Entzücken einer Schwester um den Hals fiel. Er machte einen Kratzfuß über den andern, und wollte durchaus nicht glauben, daß die Dame seine Schwester sey, bis sie ihn durch viele kleine Umstände davon überzeugte. Eben so ging's bei den zwey andern Brüder[n]: allen wurde von Doktor B. eben so brüderlich als großmüthig begegnet.

Weil die beiden Aeltesten ihr Gewerbe nun schon erwählt hatten, so war das weise Paar weit entfernt, sie davon abzuziehen, vielweniger durch übermäßige Geschenke sie so zu bereichern, daß sie gar nicht mehr arbeiten durften; dieses wäre kein Glück für sie gewesen, Beide mußten Weber bleiben, und jedem wurde jährlich so viel ausgesetzt, als er brauchte, um nothdürftig zu leben; wollte er gut leben, so mußte er arbeiten. Dem jüngsten Bruder wollten sie eine Stelle unter den Truppen kaufen. Sie konnten ihn aber nicht weiter als bis nach Bern bringen, da bekam er das Heimweh, und ging wieder nach E. zurück.

Sowohl zur Ehrenrettung des dortigen Magistrats, als zur Beglaubigung dieser Geschichte ist noch anzumerken, daß derselbe, durch Franziskas prächtige Erscheinung aufmerksam gemacht, in Rotterdam von ihr und ihrer Heirath Erkundigung eingezogen, und, nach Aufklärung aller seiner Zweifel, sich bei Doktor B.

wegen des schlechten Betragens der Landsleute seiner Gattinn schriftlich entschuldigt hat.

Vermuthlich leben beide noch in England, wohin der Doktor nach dem Tode eines Oheims zurückzukehren gedachte, von dem er ein beträchtliches Vermögen und einen Titel zu gewarten hatte. (Aus Pfeffels Nachlaß.)

3. Text der Hebelschen Bearbeitung

Aus dieser Vorlage hat Hebel folgenden Text[6] komponiert:

Franziska.
(Mit einer Abbildung.)

In einem unscheinbaren Dörfchen am Rhein, saß eines Abends, als es schon dunkeln wollte, ein armer junger Mann, ein Weber, noch an dem Webstuhl, und dachte, während der Arbeit unter andern an den König Hiskias, hernach an Vater und Mutter, deren ihr Lebensfaden auch schon von der Spule abgelaufen war, hernach an den Großvater selig, dem er einst auch noch auf den Knien gesessen und an das Grab gefolgt war, und war so vertieft in seinen Gedanken und in seiner Arbeit, daß er gar nichts davon merkte, wie eine schöne Kutsche mit vier stattlichen Schimmeln vor seinem Häuslein anfuhr und stille hielt. Als aber etwas an der Thürfalle druckte, und ein holdes jugendliches Wesen trat herein von weiblichem Ansehen mit wallenden schönen Haarlocken, und in einem langen himmelblauen Gewand, und das freundliche Wesen fragte ihn mit mildem Ton und Blick: »*Kennst du mich Heinrich.*« Da war es als ob er aus einem tiefem Schlaf aufführe, und war so erschrocken, daß er nichts reden konnte. Denn er meinte, es sey ihm ein Engel erschienen und es war auch so etwas von der Art, nemlich seine Schwester Franziska, aber sie lebte noch. Einst hatten sie manches Körblein voll Holz baarfuß mit einander aufgelesen, manches Binsenkörbchen voll Erdbeeren am Sonntag mit einander

---

[6] Hebel III, S. 423-429.

gepflückt und in die Stadt getragen, und auf dem Heimweg ein Stücklein Brod mit einander gegessen, und jedes aß weniger davon, damit das andere genug bekäme. Als aber nach des Vaters Tod die Armuth und das Handwerk die Brüder aus der elterlichen Hütte in die Fremde geführt hatte, blieb Franziska allein bei der alten gebrechlichen Mutter zurück und pflegte ihrer, also daß sie dieselbe von dem kärglichen Verdienst ernährte, den sie in einer Spinnfabrik erwarb, und in den langen schlaflosen Nächten mit ihr wachte und aus einem alten zerrissenen Buch von Holland erzählte, von den schönen Häusern von den großen Schiffen, von der grausamen Seeschlacht bei Doggersbank und ertrug das Alter und die Wunderlichkeit der kranken Frau mit kindlicher Geduld. Einmal aber früh um zwei Uhr sagte die Mutter: »Bete mit mir meine Tochter. Diese Nacht hat für mich keinen Morgen mehr auf dieser Welt.« Da betete und schluchzte und küßte das arme Kind die sterbende Mutter, und die Mutter sagte: »Gott segne dich, und sey« – und nahm die letzte Hälfte ihres Muttersegens »und sey dein Vergelter!« mit sich in die Ewigkeit. Als aber die Mutter begraben und Franziska in das leere Haus zurückgekommen war, und betete und weinte, und dachte was jetzt aus ihr werden solle, sagte etwas in ihrem Inwendigen zu ihr: »*Geh nach Holland,*« und ihr Haupt und ihr Blick richtete sich langsam und sinnend empor, und die letzte Thräne für dießmal blieb ihr in dem blauen Auge stehen. Als sie von Dorf zu Stadt, und von Stadt zu Dorf betend und bettelnd und Gott vertrauend nach Holland gekommen war, und so viel ersammelt hatte, daß sie sich ein sauberes Kleidlein kaufen konnte, in Rotterdam, als sie einsam und verlassen durch die wimmelnden Straßen wandelte, sagte wieder etwas in ihrem Inwendigen zu ihr: »*Geh in selbiges Haus dort mit den vergoldeten Gittern am Fenster.*« Als sie aber durch den Hausgang an der marmornen Treppe vorbei in den Hof gekommen war, denn sie hoffte zuerst Jemand anzutreffen, ehe sie an einer Stubenthüre anpochte, da stand eine betagte freundliche Frau von vornehmem Ansehen in dem Hofe, und fütterte das Geflügel, die Hüner, die Tauben und die Pfauen.

»Was willst du hier mein Kind?« Franziska faßte ein Herz zu der vornehmen freundlichen Frau und erzählte ihr ihre ganze Geschichte. »Ich bin auch ein armes Hühnlein das eures Brodes bedarf,« sagte Franziska, und bat sie um Dienst. Die Frau aber gewann

Zutrauen zu der Bescheidenheit und Unschuld und zu dem nassen Auge des Mädchens, und sagte: »Sey zufrieden, mein Kind, Gott wird dir den Segen deiner Mutter nicht schuldig bleiben. Ich will dir Dienst geben und für dich sorgen, wenn du brav bist.« Denn die Frau dachte: Wer kann wissen, ob nicht der liebe Gott mich bestimmt hat ihre Vergelterin zu seyn, und sie war eines reichen rotterdammer Kaufmanns Wittwe, von Geburt aber eine Engländerinn. Also wurde Franziska zuerst Hausmagd, und als sie gut und treu erfunden ward, wurde sie Stubenmagd, und ihre Gebieterin gewann sie lieb, und als sie immer feiner und verständiger ward, wurde sie Kammerjungfer. Aber jetzt ist sie noch nicht alles, was sie wird. Im Frühling als die Rosen blühten, kam aus Genua ein Vetter der vornehmen Frau, ein junger Engländer zu ihr auf Besuch nach Rotterdam, er besuchte sie fast alle Jahre um diese Zeit, und als sie eins und das andere hinüber und herüber redeten und der Vetter erzählte, wie es aussah, als die Franzosen vor Genua in dem engen Paß in der Bochetta standen und die Östreicher davor, trat heiter und lächelnd mit allen Reitzen der Jugend und Unschuld geschmückt, Franziska in das Zimmer, um etwas aufzuräumen, oder zurecht zu legen, und dem jungen Engländer, als er sie erblickte, ward es sonderbarlich um das Herz und die Franzosen und Östreicher verschwanden ihm aus den Sinnen. »Tante,« sagte er zu seiner Base: »Ihr habt ein bildschönes Mädchen zur Kammerjungfer. Es ist Schade, daß sie nicht mehr ist, als das.« Die Tante sagte: »Sie ist eine arme Waise aus Deutschland. Sie ist nicht nur schön, sondern auch verständig, und nicht nur verständig, sondern auch fromm und tugendhaft, und ist mir lieb geworden, als mein Kind.« Der Vetter dachte das lautet nicht bitter. Den andern oder dritten Morgen aber, als er mit der Tante in dem Garten spazirte, »wie gefällt dir dieser Rosenstock,« fragte die Tante; der Vetter sagte: »Sie ist schön, sehr schön.« Die Tante sagte: »Vetter, du redest irr. Wer ist schön? Ich frage ja nach dem Rosenstock.« Der Vetter erwiederte: Die Rose, – »oder vielmehr die Franziska,« fragte die Tante. »Ich hab's schon gemerkt,« sagte sie. Der Vetter gestand ihr seine Liebe zu dem Mädchen und daß er sie heirathen möchte. Die Tante sagte: »Vetter du bleibst noch drei Wochen bei mir. Wenn es dir alsdann noch so ist, so habe ich nichts darwieder. Das Mädchen ist eines braven Mannes werth.« Nach drei Wochen aber sagte er: »Es ist mir nimmer, wie vor drei Wochen. Es ist noch viel ärger, und ohne das Mägdlein weiß ich nicht, wie ich leben soll.« Also geschah der Verspruch. Aber es gehörte viel Zureden dazu, die Demuth der frommen Magd zu ihrer Einwilligung zu bewegen. Jetzt blieb sie noch ein Jahr bei ihrer bisherigen Gebieterin, aber nicht mehr als Kammermädchen, sondern als Freundin und Verwandte in dem reichen Haus mit vergoldetem Fenstergitter, und noch in dieser Zeit lernte sie die englische Sprache, die französische, das Klavierspielen: »Wenn wir in höchsten Nöthen seyn etc. Der Herr, der aller Enden etc. Auf dich, mein lieber Gott, ich traue etc.« – und was sonst noch ein Kammermädchen nicht zu wissen braucht, aber eine vornehme Frau, das lernte sie alles. Nach einem Jahr kam der Bräutigam, noch ein Paar Wochen vorher, und die Trauung geschah in dem Hause der Tante. Als aber von der Abreise des neuen Ehepaars die Rede war, schaute die junge Frau ihrem Gemahl bittend an, daß sie noch einmal in ihrer armen Heimath einkehren und das Grab ihrer Mutter besuchen und ihr danken möchte, und daß sie ihre Geschwister und Freunde noch einmal sehen möchte. Also kehrte sie jenes Tages bei ihrem armen Bruder, dem Weber, ein, und als er ihr auf ihre Frage, »Kennst du mich Heinrich,« keine Antwort gab, sagte sie: »*Ich bin Franziska, deine Schwester.*« Da ließ er vor Bestürzung das Schifflein aus den Händen fallen, und seine Schwester umarmte ihn. Aber er konnte sich anfänglich nicht recht freuen, weil sie so vornehm geworden war, und scheute sich vor dem fremden Herrn, ihrem Gemahl, daß sich in seiner Gegenwart die Armuth und der Reichthum so geschwisterlich umarmen und zu einander sagen sollen *Du*, bis er sah, daß sie mit dem Gewande der Armuth nicht die Demuth ausgezogen, und nur ihren Stand verändert hatte, nicht ihr Herz. Nach einigen Tagen aber, als sie alle ihre Verwandten und Bekannten besucht hatte, reiste sie mit ihrem Gemahl nach Genua, und beide leben vermuthlich noch in England, wo ihr Gemahl nach einiger Zeit die reichen Güter eines Verwandten erbte.

Der Hausfreund will aufrichtig gestehen, was ihn selber an dieser Geschichte am meisten rührt. Am meisten rührt ihn, daß der liebe Gott dabei war, als die sterbende Mutter ihre Tochter segnete, und daß er eine vornehme Kaufmannsfrau in Rotterdam in Holland und einen braven reichen Engländer am welschen Meere bestellt hat,

den Segen einer armen sterbenden Wittwe an ihrem frommen
Kinde gültig zu machen.
    Weg hat er aller Wege
    an Mitteln fehlt's ihm nicht.   140

Abbildung 1: Holzschnitt zu ›Franziska‹

4. Vergleichende Interpretation

Pfeffel geht am Gang der Ereignisse entlang. Hebel stellt um. Er rückt die Climax der Geschichte, nämlich die Wiederbegegnung Franziskas mit ihrem Bruder, an den Anfang der Geschichte. Erst dann wird auf die bei Pfeffel zunächst erzählten Ereignisse im Sinne einer Rückblende zurückgeblickt, wobei Hebel dann die Erzählung von der Wiederbegegnung der beiden Geschwister verdoppelt (116ff). So entsteht ein Rahmen um die Geschichte Franziskas und die Erzählung von ihrer göttlichen Führung. Diese kompositionelle Eigenart in Hebels Version erlaubt es ihm, schon zu Beginn seines

Textes eine auf den ersten Blick versteckte biblische Anspielung einzubauen. Der einleitende Satz »in einem unscheinbaren Dörfchen am Rhein, saß eines Abends, als es schon dunkeln wollte, ein armer junger Mann, ein Weber, noch an dem Webstuhl, und dachte, während der Arbeit unter andern an den König Hiskias, hernach an Vater und Mutter, deren ihr Lebensfaden auch schon von der Spule abgelaufen war [...]« (1–7) alludiert das aus der reformatorischen Sterbe-Seelsorge (ars moriendi) bekannte Gebet des Königs Hiskia. Hiskia sollte sterben (Jes 38,1), aber Gott erhörte sein Gebet und schenkte ihm noch weitere 15 Jahre Lebenszeit. Hiskias Dankgebet blickt zurück auf seine Not und preist Gott, den Schöpfer und Erhalter allen Lebens, der jedem Menschen einen Termin bestimmt, da er sterben soll: ›Meine Zeit ist dahin und von mir weggetan wie eines Hirten Hütte. Ich reiße mein Leben ab wie ein *Weber*; er bricht mich ab wie einen dünnen Faden; du machst's mit mir ein Ende den Tag vor Abend‹ (Jes 38,12).

Schon hier grundiert Hebel die Pfeffelsche Erzählung biblisch. Die Arbeit des Webers wird zur biblischen Meditation; das Weben ist – ähnlich wie innerhalb der barocken Emblematik[7] – biblisches Gleichnis für den Lebensfaden, der allein in Gottes Händen liegt. Hebel macht aus der abendlichen Arbeitszeit des Webers eine biblische Meditationszeit, ein ›memento mori‹ und eine Bereitung zum Sterben – im Sinne von Ps 90,12: ›Lehre uns bedenken, daß wir sterben müssen, auf daß wir klug werden‹. Das biblische Gedenken an Hiskia ist auch Anlaß, der Eltern und Großeltern zu gedenken, »deren ihr Lebensfaden auch schon von der Spule abgelaufen war« (6f). Auch ihre ›Tage sind leichter dahingeflogen denn ein Weberspul und sind vergangen, daß kein Aufhalten da gewesen ist‹ (Hiob 7,6).

Mit der biblischen Weber-Metaphorik wird das Thema eingeführt, das sich wie ein roter Faden durch die gesamte Erzählung fortspinnt: Daß Gott nämlich nicht nur Schöpfer allen Lebens ist,

---

[7] Vgl. Daniel Cramer, EMBLEMATA MORALIA NOVA, Das ist: Achtzig Sinnreiche Nachdenckliche Figuren auß heyliger Schrifft in Kupfferstücken fürgestellet/ worinnen schöne Anweisungen zu wahrer Gottesforcht begrieffen [...], Frankfurt a. M. 1630 (Reprint Hildesheim u. a. 1981 [= Emblematisches Cabinet 5], S. 268f. Cramer bildet einen am Webstuhl arbeitenden Weber ab und wählt als biblisches Motto Hi 7,6, einen Text, den Hebel ebenfalls im Blick hat (vgl. das Folgende).

sondern daß er obendrein alles Leben erhält (conservatio), begleitet (concursus) und regiert (gubernatio).⁸ Es ist dies das große dogmatische Thema der Vorsehung (providentia), dessen Verhandlung in den altprotestantisch-orthodoxen Lehrbüchern der Theologie, in den sog. Loci-Dogmatiken, auf die Schöpfungslehre folgt und doch ein Teil derselben ist. Genauer: Es ist dies das Thema der *providentia specialissima*, durch die Gott jeden einzelnen Glaubenden als Auserwählten durch alle Widerstände und Anfechtungen leitet. ›Denn in ihm leben, weben und sind wir‹ (Apg 17,28). ›Franziska‹ ist eine Erzählung von der göttlichen Providenz, und genauer: Eine Erzählung, wie Gott sich als Erhalter und Beschützer besonders der Witwen und Waisen annimmt und ›ein Vater der Waisen und ein Richter der Witwen‹ ist (Ps 68,6).⁹

Der Weber Heinrich ist derart »vertieft in seinen Gedanken und in seiner Arbeit« (9f), daß er nichts davon merkt, daß vor dem Haus eine Kutsche »anfuhr und stille hielt« (12). Die Plötzlichkeit des Eintretens Franziskas bildet Hebel durch ein Anakoluth nach. Das Verb »trat herein« (13) erfährt dadurch eine starke Akzentuierung und läßt den Leser gleichsam mit Heinrich miterschrecken. »Als aber etwas an der Thürfalle druckte, und ein holdes jugendliches Wesen *trat herein* von weiblichem Ansehen mit wallenden schönen Haarlocken [...]« (12–14). Hebel hat dieses Stilmittel geliebt und es zur textstrukturellen Abbildung von jäher Plötzlichkeit in

---

⁸ Diese Themen der orthodoxen Vorsehungstheologie sind – narrativ gebrochen – immer wieder Gegenstand des Hebelschen Werkes. Vgl. Steiger, Bibel-Sprache, a. a. O. (wie Anm. 1), S. 66ff u. ö.
⁹ Hebel spricht dem Psalmbeter erzählend die Worte nach: ›Du siehst ja, denn Du schauest das Elend und Jammer; es stehet in deinen Händen. Die Armen befehlen es dir; Du bist der Waisen Helfer‹ (Ps 10,14). ›Franziska‹ ist eine Exempelgeschichte dafür, daß die Worte noch feststehen und verläßlich sind, ›daß du Recht schaffest dem Waisen und Armen‹ (Ps 10,18). Gott hat es mit seiner Gnade und Erhaltung ganz besonders auf die Witwe wie Franziskas Mutter und auf die Waise wie Franziska abgesehen: ›Der Herr behütet die Fremdlinge und Waisen, und erhält die Wittwen; und kehrt zurük den Weg der Gottlosen‹ (Ps 146,9). Ja, ›Franziska‹ ist eine Inszenierung dieser biblischen Verheißung, derzufolge Gott die Sache der Witwen und Waisen zu der seinen macht und verspricht, daß er ihr Gebet erhören wolle. ›Ihr sollt keine Witwen und Waisen beleidigen. Wirst du sie aber beleidigen, so werden sie zu mir schreien, und ich werde ihr Schreien erhören‹ (Ex 22,21f). ›Er verachtet des Waisen Gebet nicht, noch die Witwe, wenn sie klagt‹ (Sir 35,17). – Bibelstellen werden in diesem Beitrag nach der Ausgabe der Luther-Bibel zitiert, die Hebel selbst besessen hat: Die Bibel oder ganze heilige Schrift, alten und neuen Testaments, nach der Uebersezung D. Martin Luthers, Durlach 1786 (PTS Heidelberg B Ib 35).

verschiedenen Erzählungen immer wieder gebraucht.[10] Indem Franziska in völlig unerwarteter Weise in das Leben ihres Bruders erneut eintritt und einbricht, zerbricht die ›normale‹ Syntax. Das Auftreten Franziskas macht Heinrich »erschrocken« (17f) und verschlägt ihm die Sprache (»daß er nichts reden konnte«; 18). Von Bestürzung ist die Rede – ein Wort, mit dem Luther den Gemütszustand der Jünger beschreibt, da sie Jesus auf dem Berg Tabor durch himmlisches Licht verklärt sahen (Mk 9,6). Die Wiederbegegnung der beiden Geschwister malt Hebel ganz in biblischen Farben aus, indem er als Kulisse die biblische Josephsgeschichte wählt. Die Worte »›*Ich bin Franziska, deine Schwester*‹« (119) erinnern an die Worte Josephs: ›Ich bin Joseph, euer Bruder, den ihr in Egypten verkauft habt‹ (Gen 45,4).[11] Genau wie Heinrich erschrecken auch die Brüder Josephs, als sie die Rede ihres Bruders hören. Und auch ihnen verschlägt es die Sprache. ›Und seine Brüder konnten ihm nicht antworten, so erschraken sie vor seinem Angesichte‹ (Gen 45,3).

Überhaupt entwickelt Hebel die Franziska-Geschichte nach dem Modell der Josephs-Erzählung. Die einst arme Dienstmagd Franziska begegnet ihrem Bruder nun als gebildete, wohlhabende Dame. Der einst als Sklave nach Ägypten verkaufte Joseph tritt seinen Brüdern als weiser und hochgestellter Hofbeamter gegenüber. Die Bibel erzählt solche Erhöhung als Beispiel vom Wirken der providentia specialissima. Und so ist auch Hebels ›Franziska‹ als eine freie, biblisch geprägte Josephs-Geschichte zu lesen, die den Typos aktualisiert. Gerade durch die Verfremdung der gesamten Szenerie wird die Bibel hier neu auf den Spielplan gesetzt. Zudem gelingt es Hebel, durch unaufdringliche Anspielungen allegorisch einen christologischen Hintergrund aufzubauen.[12]

---

[10] Vgl. bes. die Geschichten ›Unverhoftes Wiedersehen‹ (Hebel II, S. 281-284) und ›Unglück der Stadt Leiden‹ (Hebel II, S. 79f).
[11] Vgl. Hebel III, S. 523-529, hier: S. 526. Der aus Bretten stammende Schneider, den es nach Pensa, ins asiatische Rußland also, verschlagen hat, sagt, als er dort mit deutschen Kriegsgefangenen zusammentrifft: »›*Und ich bin von Bretten*‹, sagte das herrliche Gemüthe, Franz Anton Egetmeier von Bretten.« Und Hebel fügt hinzu: »[…] wie Joseph in Egypten zu den Söhnen Israels sagte: ›Ich bin Joseph euer Bruder‹.«
[12] Hebel ist nie ein Vertreter ›christozentrischer‹ Theologie gewesen, wenngleich oft viel zu pauschal behauptet worden ist, er habe zur Christologie und insbesondere zur Versöhnungslehre kein rechtes Verhältnis gewonnen (vgl. Steiger, Bibel-Sprache,

Hebel versetzt den Leser unter Verwendung eines personalen Erzählstils in die Gemütslage des Webers und läßt den Leser auch den Blickwinkel Heinrichs einnehmen, indem er zunächst unpersönlich formuliert: »Als aber *etwas* an der Thürfalle druckte [...]« (12f). Auch wenn von Franziska als einem »holden jugendlichen Wesen« (13) und »freundlichen Wesen« (15) die Rede ist, dann ist der Leser damit in die Lage des Bruders Heinrich versetzt, der seine Schwester nicht auf den ersten Blick erkennen kann.

Nun geht Hebel in die Kindheit Franziskas und Heinrichs zurück und schildert sie mit märchenähnlichen Obertönen: »Einst hatten sie manches Körblein voll Holz baarfuß mit einander aufgelesen, manches Binsenkörbchen voll Erdbeeren am Sonntag mit einander gepflückt und in die Stadt getragen, und auf dem Heimweg ein Stücklein Brod mit einander gegessen, und jedes aß weniger davon, damit das andere genug bekäme« (20-25). In den »Biblischen Geschichten« wird übrigens die Armut der Witwe von Sarepta ganz ähnlich beschrieben, wenn es in der Nacherzählung von 1Kön 17 heißt: »An dem Thor dieser Stadt [scil. Sarepta; A. S.] las eine arme Wittwe etwas Holz auf. Der Prophet [scil. Elia; A. S.] sprach sie an,

---

a. a. O. [wie Anm. 1], S. 203-210 u. ö.). Im »Unverhoften Wiedersehen« etwa zeigt sich, wie groß Hebels Kunst gerade darin ist, die alten christologischen Lehrinhalte dadurch neu zur Sprache zu bringen, daß er sie chiffriert (vgl. ebd., S. 301). Etwas ähnliches kann – so denke ich – auch in ›Franziska‹ beobachtet werden. Obwohl hier nicht explizit Christologie gepredigt wird, so hat doch die Ausführung der Erzählung von der Wiederbegegnung Franziskas mit ihrem Bruder in gleichnishafter Weise christologische Obertöne. Wenn es heißt, daß Heinrich sich vor dem Ehepaar scheute, weil »sich in seiner Gegenwart die Armuth und der Reichthum so geschwisterlich umarmen und zu einander sagen sollen *Du*, bis er sah, daß sie mit dem Gewande der Armuth nicht die Demuth ausgezogen, und nur ihren Stand verändert hatte, nicht ihr Herz« (123-127), dann wird man hinter dieser Formulierung zumindest einige Strukturverwandtschaften mit zwei entscheidenden christologischen Lehrinhalten entdecken dürfen. So wie in der Person Christi sich Armut und Reichtum in unbegreiflicher Weise vereinen und sozusagen ›du‹ zueinander sagen, so auch in dieser Geschichte. Hier wird Hebels Erzählung – gewollt oder ungewollt – zum Abbild der Zwei-Naturen-Lehre und der Lehre von der Erniedrigung Christi, in der davon die Rede ist, daß Gott das »Gewand der Armuth« anzieht und seinen »Stand verändert«. Und wenn sich dies auch nicht pressen läßt, so ist doch in jedem Falle klar, daß die Christologie zumindest in der Brechung hier eine Rolle spielt, in der sie sich auch etwa in Kol 3,12 findet: Daß nämlich der Glaubende, gerade weil Gott für ihn niedrig, demütig und arm geworden ist, nun frei wird, die Demut anzuziehen. ›So ziehet nun an, als die Auserwählten Gottes, Heiligen und Geliebten, **herzliches** Erbarmen, Freundlichkeit, **Demuth**, Sanftmuth, Geduld [...] gleichwie Christus euch vergeben hat, also auch Ihr‹ (Kol 3,12f; vgl. 1Petr 5,5).

daß sie ihm ein wenig Wasser zum Trinken holen wollte. Indem sie hingieng, rief er ihr nach: ›Bringe mir auch einen Bissen Brod mit.‹ Die arme Frau erwiederte ihm: ›So wahr der Herr, dein Gott, lebt, ich habe nur noch eine handvoll Mehl im Cad und ein wenig Öl im Krug, und habe da ein paar Hölzlein aufgelesen, daß ich mir und meinem Sohne noch ein Essen davon bereite, ehe wir sterben‹.«[13]

Der mit »als aber« (25) beginnende Satz markiert eine Wendung der Erzählung. Die Handlung wird drastisch gerafft. Der Tod des Vaters, die Verarmung und die soziale Misere der Familie und der Brüder Gang in die Fremde werden nur kurz gestreift. War gerade noch die Kindheitserinnerung Thema, so ist nun, sozusagen von jetzt auf gleich, die Sterbeseelsorge Thema, die Franziska als das einzige bei ihrer Mutter gebliebene Kind an ihrer kranken und sterbenden Mutter leistet. Auffallend ist, daß die gesamte Erzählung, wie Franziska ihre Mutter pflegt und im Sterben begleitet, bis hin zum Muttersegen sich an das Buch Jesus Sirach (Sir) anlehnt: an jenes apokryphe, d. h. nicht im Kanon der biblischen Bücher stehende Buch, das aber doch gut und nützlich zu lesen ist, wie Luther sagt. Sir diente darum schon den orthodoxen Theologen als eine ausgeführte Ethik eines jeden Christenmenschen, als weishheitliches Buch der Lebensberatung, das in den verschiedensten Lebens-, Not- und Sterbenslagen Ratgeber war. So spielt das Buch Sir gerade in der Hausliteratur des 17. Jahrhunderts eine bedeutende Rolle[14] und war so etwas wie ein Bindeglied zwischen Theologie und Weltweisheit.[15]

---

[13] Hebel V, S. 93.
[14] Vgl. nur folgendes Werk über Sir: Johannes Mathesius, Syrach Mathesij Das ist/ Christliche, Lehrhaffte/ Trostreiche vnd lustige Erklerung vnd Außlegung des schönen Haußbuchs/ so der weyse Mann Syrach zusammen gebracht vnd geschrieben, 3 Teile, Leipzig 1589 (1586) (HAB Wolfenbüttel C 118 Helmst. 2°).
[15] Der hohe Bekanntheitsgrad von Sir zeigt sich überdies in dem alten Brauch des ›Jesus-Sirach-Stechens‹. Am Silvesterabend wurde die Bibel hervorgeholt, Anfang und Ende des Sir-Buches wurden mit Klammern markiert und reihum jedem Anwesenden die Augen verbunden, die dann mit einer Stricknadel in das Buch Sir hineinstachen und auf diese Weise ein Motto gewannen, eine Losung also, unter der ihr Leben das künftige Jahr stehen sollte. Indem Hebel nun und im folgenden seiner Geschichte immer wieder Anspielungen auf Sir in seine Geschichte einbaut, wird er gewissermaßen zum Jesus-Sirach-Stecher. Diesen Hinweis verdanke ich Adrian Braunbehrens, Heidelberg.

Mehrfach spielt Hebel auf Sir 3 an. Aus: ›Spotte deines Vaters Gebrechen nicht, denn es ist dir keine Ehre [...] Liebes Kind, pflege deines Vaters im Alter, und betrübe ihn ja nicht, so lange er lebt‹ (Sir 3,12.14) leitet Hebel ab: »[...] blieb Franziska allein bei der alten gebrechlichen Mutter zurück und pflegte ihrer« (27f). Hebel spricht hier die Sprache der Luther-Bibel nach, wenn er das Verb ›pflegen‹ nicht wie seine Quelle mit Akkusativ-Objekt verwendet (»um ihre arme Mutter zu pflegen«; 6f), sondern ›pflegen‹ mit Genitivobjekt benutzt, so wie er es in Luthers Übersetzung von Sir 3,14 vorfand.[16] Franziska befolgt das mosaische Gebot, Vater und Mutter zu ehren, in der von Sir formulierten Version (›ehre Vater und Mutter mit der That, mit Worten und *Geduld*‹; Sir 3,9), wenn sie »mit kindlicher Geduld« (34) bei ihrer Mutter nächtelang wacht, ihren Unterhalt verdient und ihr Worte des Trostes spendet. Diese kindliche Liebe, die alles verträgt und duldet (1Kor 13,7), läßt Franziska »das Alter und die Wunderlichkeit der kranken Frau« (33f) erdulden. Franziska befolgt hier, was Sir 3,15 über das rechte Verhalten des Kindes dem greisen Vater gegenüber gesagt ist: ›Und halte ihm zu gut, ob er kindisch würde; und verachte ihn ja nicht, darum, daß du geschikter bist‹. Und es wird in Hebels Geschichte auf seine Weise wahr, daß ›die Mutter einen Trost hat‹ (Sir 3,7) an langmütigen Kindern. Und wie in Sir 3 erfüllt sich in ›Franziska‹ die Verheißung, daß der göttliche Segen nicht ausbleiben werde. ›Denn des Vaters Segen bauet den Kindern Häuser‹ (Sir 3,11). Daher segnet die Mutter ihre Tochter Franziska mit den Worten: »›Gott segne dich, und sey [...] dein Vergelter‹« (38f) und bittet darum, was Sir 3,34 über Gott als den Vergelter des Segens sagt: ›Und der Oberste Vergelter wird es hernachmals gedenken, und wird ihn im Unfall erhalten‹. Vor diesem Hintergrund also ist ›Franziska‹ eine narrative Auslegung des vierten Gebots, eine erzählerisch ausgestaltete Familienethik, die ihr Fundament in Sir 3 hat.

Aber auch aus anderen biblischen Büchern leiht sich Hebel in der Tochter-Mutter-Episode Sprache und Motivik. Daß Franziska ihre Mutter »von dem kärglichen Verdienst ernährte, den sie in einer

---

[16] Vergleichbar ist überdies die Verwendung von ›pflegen‹ in der Geschichte vom barmherzigen Samariter Lk 10,34: ›und hob ihn auf sein Thier, und führte ihn in die Herberge, und pflegte seiner‹ (vgl. v. 35: ›Pflege seiner!‹).

Spinnfabrik erwarb« (29f), mag vom Tobit-Buch inspiriert sein. Denn auch Hanna ernährte den erblindeten alten Tobias mit Spinnarbeiten, wobei die Luther-Übersetzung hier dasselbe Verb wählt: ›Hanna aber, sein Weib, die arbeitete fleißig mit ihrer Hand, und ernährte ihn mit spinnen‹ (Tob 2,19).[17] Franziska sorgt jedoch nicht nur für den leiblichen Unterhalt der kranken Mutter, sie ist auch geistlicher Beistand und Seelsorgerin. Das ›Wachen‹ ist biblisch gesehen ein wichtiger Bestandteil der Seelsorge an und Tröstung der Angefochtenen und Sterbenden. Es ist dies der Trost, um den der Sohn Gottes in seiner tiefsten Anfechtung im Garten Gethsemane seine Jünger vergeblich gebeten hat: ›Meine Seele ist betrübt bis an den Tod; bleibet hier und *wachet* mit mir‹ (Mt 26,38). Dieser Trost wurde Christus in dieser größten Erniedrigung nicht zuteil. Seine Jünger nämlich schliefen und wachten nicht, wo doch Wachen und Beten allein die Anfechtung vertreiben: ›Könnet ihr denn nicht Eine Stunde mit mir wachen? Wachet und betet, daß ihr nicht in Anfechtung fallet‹ (Mt 26,40f). So ist Franziska als Seelsorgerin besorgt um Leib *und* Seele ihrer Mutter, was auch daraus hervorgeht, daß sowohl die Erzählung, Franziska habe für den leiblichen Unterhalt der Mutter Sorge getragen, als auch die Erwähnung des geistlichen Beistandes in zwei parallelen Nebensätzen entfaltet werden, die von dem Hauptsatz »und pflegte ihrer« (28) abhängig sind. »[...] und pflegte ihrer, also daß sie dieselbe von dem

---

[17] Obendrein ist in sozialgeschichtlicher Hinsicht von Bedeutung, daß Franziska nicht als selbständige Weberin in der heimischen Werkstatt arbeitet, sondern »in einer Spinnfabrik« (29). Hier nämlich spiegelt sich der soziale und arbeitstechnische Wandel, den die Industrialisierung mit sich brachte, der zur Verarmung der Weber führte und Franziskas Brüder denn auch bewogen haben mag, die Heimat zu verlassen. Das Thema der Verarmung der Weber wird Gerhart Hauptmann dann gegen Ende des Jahrhunderts erneut aufgreifen. James Hargreave hatte im Jahre 1767 die erste Spinnmaschine erfunden, und die 1775 von Samuel Crompton aus Bolton fertiggestellte ›mule jenny‹ setzte sich in der Folgezeit durch. Den Protest gegen diese neue Fabrikationsart bekam schon Hargreave zu spüren, dessen Maschine durch aufgebrachte Spinner zerstört wurde. Hargreave mußte nach Nottingham fliehen, wo er später völlig verarmt starb. Dennoch setzten sich die Spinnmaschinen immer stärker durch, zu Beginn des 19. Jahrhunderts auch in Deutschland. Die Produktion konnte drastisch gesteigert werden, die Preise aber verfielen in der Zeit von 1786 bis 1819 sogar auf 1/10 ihres ursprünglichen Niveaus, was zu schweren sozialen Notständen führte. Zum Zusammenhang vgl.: Art. Spinnen, in: Allgemeine deutsche Real= Encyklopädie für die gebildeten Stände. (Conversations=Lexikon.) In zwölf Bänden. Zehnter Band, Siebente Originalauflage, Leipzig 1827 (Brockhaus), S. 496–498.

kärglichen Verdienst ernährte [...] und in den langen schlaflosen Nächten mit ihr wachte« (28ff). Teil der Seelsorge Franziskas an ihrer Mutter ist zudem das Erzählen.

So wie Hebel (auch durch diese Geschichte) als Seelsorger tätig wird, indem er erzählt, so läßt er die Figuren seiner Geschichten bisweilen als erzählende Tröster tätig werden. Franziska vertreibt der Mutter die Zeit, die eine Leidenszeit ist, verkürzt ihre Sterbenszeit dadurch, daß sie »aus einem alten zerrissenen Buch von Holland erzählte, von den schönen Häusern von den großen Schiffen, von der grausamen Seeschlacht bei Doggersbank« (31-33), die während des holländisch-englischen Krieges am 15. 8. 1781 stattgefunden hatte.[18] Indem Franziska von Holland erzählt, schafft sie sich bereits eine erzählte Heimat, eine Gegenwelt der Hoffnung, in die sie der Vergelter führen wird.

Franziska und die Mutter warten auf den Herrn ›von einer Morgenwache bis zur andern‹ (Ps 130,6). »Einmal aber früh um zwei Uhr« (34f) hat dieses nächtliche Wachen und Warten ein Ende. Noch vor Beginn der Matutin, die um drei Uhr morgens anfängt, kommt die Mutter zum Sterben: »›Bete mit mir meine Tochter. Diese Nacht hat für mich keinen Morgen mehr auf dieser Welt‹« (35f). Das ganze Schwergewicht des Tons liegt dabei auf der nachgestellten Lokaladverbiale »auf dieser Welt«. Hier artikuliert sich die Glaubensgewißheit und Hoffnung der Mutter. Glaube und Hoffnung der Mutter werden paradoxerweise nur aussprechbar in der Aposiopesis, im Verschweigen. Der Leser wird hierdurch geradezu genötigt, den Satz der sterbenden Mutter zuendezusprechen: »›Diese Nacht hat für mich keinen Morgen mehr auf dieser Welt (wohl aber einen ewigen Morgen in jener Welt beim himmlischen Vater)‹.« Hebels brennende Erwartung des nicht mehr vergehenden Morgens des Jüngsten Tages, die er in einer Vielzahl von Geschichten, Gedichten und Predigten zum Ausdruck bringt, bildet auch den endzeitlichen Hintergrund dieser Kalendergeschichte.[19] Und dies ist der letzte seelsorgliche Dienst, den die Tochter an ihrer Mutter vollbringen kann: das gemeinsame Gebet, ein nächtliches Stundengebet.

---

[18] Holland ist für Hebel in einigen seiner Kalendergeschichten geradezu das gelobte Land und der Inbegriff von Weltoffenheit, Reichtum und Wohlstand, etwa im »Kannitverstan«.
[19] Vgl. Steiger, Bibel-Sprache, a. a. O. (wie Anm. 1), S. 195ff.

Doch dann wird unversehens die Mutter zur Seelsorgerin an ihrer weinenden Tochter, indem sie sie segnet und sie der göttlichen Führung anbefiehlt. »Da betete und schluchzte und küßte das arme Kind die sterbende Mutter, und die Mutter sagte: ›Gott segne dich, und sey‹ – und nahm die letzte Hälfte ihres Muttersegens ›und sey dein Vergelter!‹ mit sich in die Ewigkeit« (36–40). Auch das ist wieder eine Aposiopesis, die weit mehr ist als ein Stilmittel allein. Sie weist darauf hin, daß das Gültigwerden des Muttersegens noch aussteht, so wie die erste Aposiopesis Zeichen dessen ist, daß die Aufrichtung jener himmlischen Welt noch aussteht, in der es keinen Tod, keine Trauer, kein Leid und kein Geschrei mehr geben wird (Apk 21,4).

Hebel hat mit diesem aus seiner Feder stammenden Erzählteil Spannung aufgebaut, und die brennende Frage ist nun: Wie wird Gott zum Vergelter des Muttersegens? Das will der Hausfreund jetzt erzählen und dabei der göttlichen Vorsehung auf die Spur kommen sowie ihre Wirksamwerdung in der Biographie Franziskas recherchieren. Das ist auch sonst des Hausfreunds Aufgabe, sein Beruf: »Ein rechtschaffener Kalendermacher, zum Beispiel der Hausfreund, hat von Gott dem Herrn einen vornehmen und freudigen Beruf empfangen, nemlich daß er die Wege aufdecke, auf welchen die ewige Vorsehung für die Hülfe sorgt, noch ehe die Noth da ist, und daß er kund mache das Lob vortrefflicher Menschen, sie mögen doch auch stecken, fast wo sie wollen.«[20]

Die Erzählung vom Sterben der Mutter erinnert an biblische Szenarien, Abschiedsreden und Segnungen, so z. B. an die Erzählung vom Tod Jakobs. Die Formulierung »da betete und schluchzte und küßte das arme Kind die sterbende Mutter« (36–38) hat wie die Erzählung von der Wiederbegegnung der Geschwister einen Hintergrund in der Josephsgeschichte: ›Da fiel Joseph auf seines Vaters Angesicht, und weinte über ihn, und küßte ihn‹ (Gen 50,1). Die Abfolge von Segnung der Kinder, Zum-Sterben-Kommen, Beweinung und Liebkosung Sterbender ist Gen 49f und ›Franziska‹ gemein, während Pfeffel ohne solche biblische Konnotation lapidar mitteilt: »Die Wittwe wurde krank und lag lange; Franziska that, was sie konnte, um ihre arme Mutter zu pflegen [...] Endlich starb die Mutter« (5–7.9f).

---

[20] Hebel III, S. 523.

So wie der Tod des Vaters als Erzähleinschnitt hervortritt (»als aber nach des Vaters Tod [...]«; 25), so auch der Tod der Mutter (»als aber die Mutter begraben und Franziska in das leere Haus zurückgekommen war [...]«; 40f). So wie der Tod des Vaters einen tiefen Einschnitt im Leben der ganzen Familie bedeutete, so ist der Tod der Mutter ein solcher in Franziskas Leben: Die Brüder hatten schon nach des Vaters Tod die Heimat verlassen, Franziska verläßt sie nun nach der Mutter Tod.

Die Passage ist an dieser Stelle sehr stark polysyndetisch und biblisch parataktisch geprägt. Zuerst heißt es:

»Da betete und schluchzte und küßte das arme Kind die sterbende Mutter« (36-38).

Und dann:

»[...] und betete und weinte, und dachte was jetzt aus ihr werden solle« (41f).

Und schließlich:

»Als sie von Dorf zu Stadt, und von Stadt zu Dorf betend und bettelnd und Gott vertrauend nach Holland gekommen war [...]« (45-47).

Das Verb ›beten‹ verbindet alle drei Sätze und veranschaulicht, wie Hebel – ganz anders als Pfeffel, in dessen Version von ›Beten‹ nicht die Rede ist – das Gebet als Reisebegleiter in den Vordergrund treten läßt. Hebel hat aus seiner eher säkular geprägten Quelle ein Beispiel einer Gebetserhörung gemacht. Zudem werden sowohl die Dauer der Trauer als auch der beschwerlichen Reise nach Holland in der Textstruktur abgespiegelt, da der Text durch die Polysyndeta einen stark durativen Aspekt erhält.

Es ist in diesem Stadium der Erzählung noch nicht ausgemachte Sache, daß Gott es ist, der Franziska führt und leitet. Vielmehr ist noch von einem Unbestimmbaren, Anonymen die Rede; zweimal heißt es: »[...] sagte etwas in ihrem Inwendigen zu ihr« (42f) (bzw. »[...] sagte wieder etwas in ihrem Inwendigen zu ihr«; 50). Erst die Choralzitate dechiffrieren und interpretieren die anonyme Führung Franziskas als göttliche Leitung und Vorsehung. Und auch der abschließende Erzählerkommentar (132ff) thematisiert die Präsenz Gottes in der Biographie Franziskas. Und doch gibt sich die anonyme Stimme jetzt schon indirekt als die Stimme Gottes zu erkennen, weil sie die Worte Gottes an Abraham nachspricht. Der Imperativ »›*Geh nach Holland*‹« (43) schlägt die bekannten Töne aus Gen

12,1 an: ›Gehe aus deinem Vaterlande, und von deiner Freundschaft, und aus deines Vater Hause, in ein Land, das ich dir zeigen will‹ (Gen 12,1). Allerdings darf Franziska im Unterschied zu Abraham wissen, wohin sie geführt wird. Und diese Stimme Gottes ist bereits eine tröstende: »und ihr [scil. Franziskas; A. S.] Haupt und ihr Blick richtete sich langsam und sinnend empor« (43f). Das ist die Stimme Gottes, ›der mich zu Ehren sezet, und mein Haupt aufrichtet‹ (Ps 3,4). Deswegen kann es im Psalter auch heißen: ›Ich hebe meine Augen auf zu den Bergen, von welchen mir Hülfe komt‹ (Ps 121,1).

In Rotterdam angelangt, bricht wieder mit unerwarteter Plötzlichkeit die innere Stimme in Franziskas Gedanken ein: Das Satzgefüge gerät erneut aus den Fugen: Der Nebensatz »als sie [...] nach Holland gekommen war« (45-47) wird nicht folgerichtig weitergeführt, wenn es auf einmal heißt: »[...] in Rotterdam, als sie einsam und verlassen durch die wimmelnden Straßen wandelte, sagte wieder etwas in ihrem Inwendigen zu ihr« (48-50). Hebel bricht hier seine Nebensatz-Konstruktion ab, setzt eine Lokaladverbiale in den Fügungsbruch und hebt mit einer neuen Nebensatz-Konstruktion an. Diesmal führt die inwendige Stimme Franziska in einen Hof, und sie trifft eine »betagte freundliche Frau« (- auch das Wort ›betagt‹ ist ein biblisches Wort: Gen 18,11; Lk 2,36 u. ö. -), die »das Geflügel, die Hüner und die Pfauen« (54-56) fütterte. In völliger Demut und Ergebenheit begibt sich Franziska herab auf die Ebene des Geflügels und bittet um Anstellung und Unterhalt, indem sie sich selbst ein Hühnlein nennt: »›Ich bin auch ein armes Hühnlein das eures Brodes bedarf,‹ sagte Franziska, und bat sie um Dienst« (59f). Mit diesem Akt der Demut (humilitas) geht hier etwas ähnliches vor sich wie in Mt 15,26ff, wo Jesus zum kanaanäischen Weib sagt, er sei gesandt zu den verlorenen Schafen Israels, und dann gleichnishaft hinzusetzt, es sei ›nicht fein, daß man den Kindern ihr Brodt nehme, und werfe es vor die Hunde‹ (Mt 15,26). Und gerade hierin besteht ja die auch für Jesus unüberwindliche Macht des Glaubens dieser Frau, daß sie sich die harsche Rede Jesu aneignet, sich selbst einen Hund nennt, aber einen solchen Hund, der ißt von den Brosamen, die von der Herren Tische fallen. ›Ja, Herr; aber doch essen die Hündlein von den Brosamen, die von ihrer Herren Tische fallen. Da antwortete Jesus, und sprach zu ihr: O Weib, dein Glaube ist groß!‹ (Mt 15,27f). Aus dem ›Hündlein‹ in Mt 15,27 mag in ›Franziska‹ ein »Hühnlein« (59) geworden sein.

Vergleichbar der Edelfrau in der Kalendergeschichte »Einer Edelfrau schlaflose Nacht«[21] fällt auch die vornehme Rotterdamer Dame in eine tröstliche und verheißungsvolle Sprache. Der Imperativ »sey zufrieden« (62) zitiert Ps 116,7: ›Sey nun wieder zufrieden, meine Seele; denn der Herr thut dir Gutes.‹ Das, was in Ps 116,7 als Selbstgespräch der Seele formuliert ist, das spricht in ›Franziska‹ die vornehme Dame in die Anrede hinein, ähnlich wie es auch Paul Gerhardt tut: »Gib dich zufrieden und sei stille / in dem Gotte deines Lebens. / In ihm ruht aller Freuden Fülle / ohn ihn mühst du dich vergebens« (EKG 295,1).

Während Pfeffel nur erwähnt, daß die Dame Franziska Dienst und Unterhalt gewährt (29f), schlüpft eben diese Dame bei Hebel in die Rolle des Werkzeuges Gottes, das dafür sorgt, daß der Mutter Segen nun an ihrem Kinde gültig wird. In dogmatischer Terminologie ausgedrückt: Gott, der als erste Wirkursache (causa prima) »Vergelter« (39) ist, bestimmt die Rotterdamerin, als causa secunda »Vergelterin« (66) zu sein. Gott, der Schöpfer, nämlich wirkt ohne Mittelursachen; aber als Erhalter bedient er sich solcher Mittelursachen, »bestellt« (136) Menschen und beauftragt sie, seinen Plan aufzurichten und zu Stand und Wesen zu bringen. So wie Franziska eine innere Stimme leitet, so gehorcht auch die Dame einer solchen inneren Stimme, die sie sich selbst vorspricht: »Wer kann wissen, ob nicht der liebe Gott mich bestimmt hat ihre Vergelterin zu seyn« (65f).

Das Verhältnis der Herrin zu ihrer Magd gewinnt an Intensität, Vertrauen und Herzenswärme. Dies beschreibt der Text klimaktisch: »Die Frau aber gewann Zutrauen zu der Bescheidenheit und Unschuld« (60f) und dann: »und ihre Gebieterin gewann sie lieb« (69f). Beide Wendungen sind durch das Verb ›gewinnen‹ miteinander verschränkt. Schließlich sagt die Frau ihrem Vetter gegenüber: »[…] und ist mir lieb geworden, als mein Kind« (87). Auch hier hat

---

[21] Hebel III, S. 555–559, hier: S. 557f: »Ein Gemüth, das zum Guten bewegt ist, und sich der Elenden annimmt, und die Gefallenen aufrichtet, ein solches Gemüth zieht nämlich das Ebenbild Gottes an, und fällt deßwegen auch in seine Sprache.« Dieser Erzählerkommentar kann geradezu als hermeneutisches Programm dessen aufgefaßt werden, was Hebel als Dichter und Prediger selbst immer wieder tut. Vgl. dazu Steiger, Bibel-Sprache, a. a. O. (wie Anm. 1), S. 320f.

Hebel wieder in den biblischen Sprachwerkzeugkasten gegriffen, denn das Verbum ›liebgewinnen‹ ist fester Bestandteil biblischer Geschichten, die es mit der Liebe zwischen zwei Menschen zu tun haben. So etwa Gen 24,67: ›Da führte sie Isaak in die Hütte seiner Mutter Sarah, und nahm die Rebecca, und sie ward sein Weib, und gewann sie lieb‹ (vgl. Ri 16,4; Esth 2,17; Tob 6,22). Aber auch zur Schilderung der Liebe zwischen gleichgeschlechtlichen Menschen benutzt die Luther-Bibel das Wort ›liebgewinnen‹: ›Also kam David zu Saul, und diente vor ihm, und er gewann ihn sehr lieb‹ (1 Sam 16,21), oder: ›Jonathan gewann ihn [scil. David; A. S.] lieb, wie sein eigen Herz‹ (1 Sam 18,1).

Franziska wird zuerst »Hausmagd« (68), bewährt sich und steigt durch eine Reihe von ›Dienstgraden‹ auf. »Als sie gut und *treu erfunden* ward, wurde sie Stubenmagd« (68f). Hier läßt Hebel bereits einen Choral anklingen, den er später zitieren wird: Die vierte Strophe des Chorals ›Wer nur den lieben Gott läßt walten‹ von Georg Neumark:

> »Er kennt die rechten freudenstunden, /
> Er weiß wohl, wann es nützlich sei, /
> Wann er uns nur hat *treu erfunden*, /
> Und merket keine heuchelei, /
> So komt Gott, eh wir uns versehn, /
> Und lässet uns viel guts geschehn.«[22]

Somit ist Franziska als Stubenmagd Abbild der Haushalter Gottes, von denen Paulus sagt: ›Nun sucht man nicht mehr an den Haushaltern, denn daß sie *treu erfunden* werden‹ (1 Kor 4,2). Schließlich wird Franziska Kammerjungfer, nämlich »als sie immer feiner und verständiger ward« (70). ›Verständig‹ und ›fein‹ sind Epitheta, die im Alten Testament der personifizierten Weisheit zukommen (Sap 7,22f). Um Interesse für das Folgende zu wecken, merkt der Erzähler an: »Aber jetzt ist sie noch nicht alles, was sie wird« (71f).

---

[22] Zitiert wird nach dem noch unrevidierten Gesangbuch, das Hebel auch zur Abfassung dieser Geschichte vorgelegen haben muß: Neu= vermehrtes Baden=Durlachisches Gesangbuch, welches einen herrlichen Kern vieler so alt= als neuer Lieder in sich enthält. Zum Gebrauch aller Evangel. Lutherischen Kirchen, Schulen und Haushaltungen gesamter Fürstlich= Baden= Durlachischen Landen in allerley Zeiten und Ständen, Karlsruhe 1766 (Hochschule für Kirchenmusik Heidelberg G 73 1a), hier: Nr. 202,4.

Im Frühling nämlich kommt der Vetter der vornehmen Dame zu Besuch und verliebt sich auf den ersten Blick in der Tante neue Kammerjungfer. Als der Vetter Franziska sah, »ward es (ihm) sonderbarlich um das Herz« (81), und all die interessanten militärischen Themen der Unterredung mit der Tante »verschwanden ihm aus den Sinnen« (82). Der Dialog von Tante und Vetter wird eingeleitet durch den Satz: »›Tante,‹ sagte er zu seiner Base« (82f).[23] Auf die Worte des Vetters »›Ihr habt ein bildschönes Mädchen zur Kammerjungfer. Es ist Schade, daß sie nicht mehr ist, als das‹« (83f) antwortet die Tante ihre Magd rechtfertigend: »›Sie ist eine arme Waise aus Deutschland. Sie ist nicht nur *schön*, sondern auch verständig, und nicht nur verständig, sondern auch *fromm* und *tugendhaft*, und ist mir lieb geworden, als mein Kind‹« (84–87). Hebel legt der Tante hier Worte in den Mund, mit denen Jesus Sirach die Eigenschaften der rechten Ehefrau beschreibt. ›Eine *schöne* Frau erfreut ihren Mann, und ein Mann hat nichts liebers. Wo sie dazu freundlich und *fromm* ist, so findet man des Mannes gleichen nicht‹ (Sir 36,24f). ›Wohl dem, der ein *tugendsames* Weib hat, deß lebt er noch einmal so lange […] Ein tugendsames Weib ist eine edle Gabe, und wird dem gegeben, der Gott fürchtet‹ (Sir 26,1.3). Ähnlich wie in der Tochter-Mutter-Szene greift Hebel auch hier wieder in den Sprach- und Weisheits-Schatz Sirachs zurück, indem er Franziska genau mit den Epitheta schmückt, die in Sir als höchste Auszeichnung der Ehefrau zu finden sind. So gestaltet Hebel das vorsehungstheologische Thema in sehr stark weisheitlich-theologischen Tönen aus, verknüpft Vorsehungstheologie und Ethik miteinander und schreibt so die rege Tradition des Buches Sir als christliches Hausbuch fort.

Das Gespräch über den blühenden Rosenstock, der den Vetter an Franziska erinnert, wird geschickt vorbereitet. Der Vetter kommt nach Rotterdam »im Frühling als die Rosen blühten« (72). So wie

---

[23] Hebel verwendet hier das Wort ›Base‹ im ursprünglichen Sinne, nämlich als Synonym für ›Muhme‹ bzw. ›Tante‹ (vgl. hierzu Jacob und Wilhelm Grimm, Deutsches Wörterbuch, 33 Bde., Leipzig 1854–1971, hier: Bd. 2, Sp. 1148), also genauso, wie Luther es benutzte, jedoch kaum noch ein Mensch zu Hebels Zeiten. Luther übersetzt Lev 18,14: ›Du sollst deines Vaters Bruders Scham nicht blößen, daß du sein Weib nehmest; denn sie ist deine *Base*‹. In diesem biblischen Sinne verwendet auch Hebel das Wort ›Base‹, das bei ihm noch keine Bedeutungseinengung in Richtung ›Cousine‹ erfahren hat.

Franziskas Reise nach Holland durch die Erzählung präludiert wird, daß sie ihrer Mutter »aus einem alten zerrissenen Buch von Holland erzählte« (31), so wird auch das Rosen-Thema präludiert. Aber der Vetter hat nur Augen für Franziska. Auf diese Weise kommt das Verwirrspiel zustande, eine kleine Komödie: »Den andern oder dritten Morgen aber, als er mit der Tante in dem Garten spazirte, ›wie gefällt dir dieser Rosenstock,‹ fragte die Tante; der Vetter sagte: ›Sie ist schön, sehr schön.‹ Die Tante sagte: ›Vetter, du redest irr. Wer ist schön? Ich frage ja nach dem Rosenstock.‹ Der Vetter erwiederte: Die Rose, – ›oder vielmehr die Franziska,‹ fragte die Tante. ›Ich hab's schon gemerkt,‹ sagte sie. Der Vetter gestand ihr seine Liebe zu dem Mädchen und daß er sie heirathen möchte« (88–95). Aber doch ist der Vetter nicht einfach blind vor Liebe und Zuneigung zu Franziska. Vielmehr macht ihn die Liebe sehend in einer ganz ungeahnten Weise. Er erkennt das Geliebte nämlich auch da, wo es nicht anwesend ist; seine Liebe vergegenwärtigt die Geliebte im Rosenstock und in der Rose. Auch die biblische Liebeslyrik, das Hohelied Salomos, bezeichnet die Geliebte als Rose und sagt von ihr, sie sei ›wie eine Rose unter den Dornen, so ist meine Freundin unter den Töchtern‹ (Hld 2,2). Die Braut des Hld ist ›eine Blume zu Saron, und eine Rose im Thal‹ (Hld 2,1), ihre ›zwo Brüste sind wie zwei junge Rehzwillinge, die unter den Rosen weiden‹ (Hld 4,5; vgl. 7,3). Und der Bräutigam hält sich – wie der Vetter in ›Franziska‹ – im Rosengarten auf: ›Mein Freund ist hinab gegangen in seinen Garten, zu den Würzgärtlein, daß er sich weide unter den Gärten, und Rosen breche‹ (Hld 6,1). Hebel komponiert hier also nicht nur eine kleine Verwechslungskomödie, sondern eine solche Komödie, die ihre Metaphorik aus der biblischen Liebeslyrik bezieht. So wie im Hld die Liebe des Bräutigams zu seiner Braut erst mit Hilfe der Metapher und des Naturbildes der Rose aussagbar wird, so ist es auch in ›Franziska‹ der Rosenstock, der dem Vetter das Liebesgeständnis abringt. Das Hld verleiht dem Vetter die Sprache, mit der seine Liebe überhaupt erst aussagbar wird. De facto gibt es hier, was die Verwendung der Hld-Metaphorik angeht, eine Verwandtschaft Hebels gerade mit der barocken Dichtung, wenngleich wohl eher anzunehmen ist, daß Hebel das Hld nicht aufgrund von barocken Vorbildern sprachlich aufnimmt, sondern im direkten Rekurs auf das Hld selbst dessen poetische Sprache neu entdeckt. Die Rosen-

Szene jedenfalls stammt ganz von Hebels Hand. Pfeffel erwähnt nur, daß die Tante »Dollmetscherinn bei der Liebeserklärung ihres Neffen« (44) gewesen sei. Bei Hebel allerdings wird mit dem Topos der Rose das biblische Hld zum Dolmetscher und zur Versprachlichung der Gefühle des Vetters.

Die Tante auferlegt ihrem Vetter noch drei Wochen Wartezeit mit den Worten: »›Vetter du bleibst noch drei Wochen bei mir‹« (96). Erst dann soll die Verlobung stattfinden. Möglicherweise verbirgt sich hier eine Reminiszenz an die Worte, mit denen Laban Jakob auffordert, bei ihm zu bleiben und sieben Jahre um Rahel zu dienen: ›Und Jakob gewann die Rahel lieb, und sprach: Ich will dir sieben Jahre um Rahel, deine jüngste Tochter, dienen. Laban antwortete: Es ist besser, ich gebe sie dir, denn einem andern; bleibe bei mir‹ (Gen 29,18f). Der Vetter jedoch muß seine Liebe zu Franziska nicht durch eine siebenjährige, sondern nur durch eine dreiwöchige Wartezeit unter Beweis stellen. Und nach drei Wochen geschieht der »Verspruch« (101). Ein Jahr nun verbringt Franziska noch bei ihrer Herrin, um sich eine standesgemäße Bildung anzueignen. Aber sie blieb »nicht mehr als Kammermädchen, sondern als Freundin und Verwandte« (103f), so wie Jesus in Joh 15,15 seine Jünger nicht mehr Knechte, sondern Freunde nennt.

Wie Hebel seine Vorlage auf Schritt und Tritt biblisiert und theologisiert, so verleiht er ihr auch im nun folgenden einen völlig anderen Akzent. Bei Pfeffel hieß es nüchtern: »Indessen wollte der Bräutigam sie nicht so unwissend mit sich nehmen. Er fragte sie, was sie noch lernen wollte. Außer der englischen, französischen und italiänischen Sprache wählte sie noch die Erdbeschreibung, Geschichte, Naturlehre und Zeichenkunst, und auf sein Bitten entschloß sie sich auch reiten zu lernen(.) Doktor B bezahlte alle Lehrer zum voraus, und reiste so nach Genua zurück« (47–52). Diese Erzählung, wie Franziska den bildungsbürgerlichen Voraussetzungen während eines Jahres Genüge zu leisten versucht, wird bei Hebel ihres ursprünglichen Skopos entkleidet. In der Aufzählung der Lerngegenstände läßt er einige aus und ersetzt sie durch die eine relative Gleichgültigkeit artikulierende Wendung: »und was sonst noch ein Kammermädchen nicht zu wissen braucht, aber eine vornehme Frau, das lernte sie alles« (108–110). Ferner ist das Klavierspielen in der Hebelschen Version der Geschichte nicht eine abstrakte Anforderung, die nun einmal an eine Frau aus gutem Hause gestellt ist. Vielmehr dient das Klavierspielen der Begleitung des Choralgesangs. Daher erzählt Hebel, Franziska lerne »das Klavierspielen: ›Wenn wir in höchsten Nöthen seyn etc. Der Herr, der aller Enden etc. Auf dich, mein lieber Gott, ich traue etc.‹« (106–108). Indem Franziska nämlich das Klavierspielen, und d. h. für Hebel: das Choralspielen lernt, lernt sie gleichzeitig, vermittels der zitierten Choräle ihr bisheriges Leben glaubend zu reflektieren. Die Choräle nämlich sind allesamt hymnischer und theologischer Kommentar zu ihrer Biographie und der göttlichen Vorsehung, die in dieser Biographie sinnenfällig geworden ist und sich zur Erfahrung gebracht hat. Oder andersherum: Die Geschichte Franziskas ist eine lebendige Auslegung der Choräle, die allesamt von der göttlichen Vorsehung sprechen. Indem Franziska das Klavierspielen lernt, eignet sie sich die genannten Choräle an – aber nicht auf eine bloß intellektualistische Art, denn der Inhalt der Choräle ist für Franziska bereits ein biographisch erfahrener geworden. Der Glaube Franziskas ist zur Erfahrung geworden, ihr Glaube ist gegründet auf die experientia fidei.

Hebel zitiert zunächst die erste Strophe eines Chorals von Paul Eber:

> »Wann wir in höchsten nöthen sein, /
> Und wissen nicht, wo aus noch ein; /
> Und finden weder hülf noch rath, /
> Ob wir gleich sorgen früh und spat.«[24]

Dann folgt das Zitat der ersten Strophe eines Chorals von Paul Gerhardt:

> »Der Herr, der aller enden /
> Regiert mit seinen händen, /
> Der brunn der ew'gen güter, /
> Der ist mein hirt und hüter.«[25]

---

[24] Gesangbuch 1766, a. a. O. (wie Anm. 22), Nr. 358.
[25] Nr. 191.

Und schließlich folgt die letzte Strophe aus Georg Neumarks Choral
»Wer nur den lieben Gott läßt walten«, die sowohl im ›Evangelischen Kirchengesangbuch‹ als auch im neuen ›Evangelischen Gesangbuch‹ nicht vorkommt:

> »Auf dich, mein lieber Gott, ich traue, /
> Ich bitte dich, verlaß mich nicht, /
> Mit gnaden meine noth anschaue, /
> Du weist gar wohl, was mir gebricht: /
> Schaffs mit mir, wiewohl wunderlich, /
> Durch Christ, den Herrn, nur seliglich.«[26]

Diese Choräle werden zum Spiegel der in ›Franziska‹ geschilderten Not, der göttlichen Führung und Versorgung Franziskas. Franziska, die nach dem Tod ihrer Mutter in »höchsten nöthen« war, suchte und fand Trost im Gebet. Daran erinnert sie sich nun mit Hilfe des Chorals: »Wann wir in höchsten nöthen sein [...] So ist das unser Trost allein / Daß wir zusammen insgemein / Dich anrufen, o treuer Gott, / Um rettung aus der angst und noth.«[27]

Franziskas »Haupt und [...] Blick richtete sich langsam und sinnend empor« (43f), und sie ging aus lauter Gottvertrauen nach Holland: »Und heben unser aug und herz / Zu dir in wahrer reu und schmerz.«[28] Und wie dieser verlassene Choralsänger hatte auch Franziska sich als verlassene Waise betend zu Gott gewandt: »Weil wir jetzt stehn verlassen gar / In grosser trübsal und gefahr.«[29]

Mit den Worten des Paul Gerhardt-Chorals »Der Herr, der aller enden / Regiert mit seinen händen [...]«[30] dankt Franziska Gott für seine Regierung (gubernatio) und ihre Führung, dankt dem, von dem gesungen wird: »Schafft rath in schweren fällen.«[31] Und nun besingt sie ihren Gott, der ihr als inwendige Stimme den Weg nach Holland gewiesen hat: »Er lehrt mich thun und lassen, / Führt mich auf rechter strassen, / Läßt furcht und angst sich stillen / Um seines namens willen.«[32] Und gegen Ende des Chorals singt Franziska, die

---

[26] Nr. 202.
[27] Nr. 358, 1.2.
[28] Nr. 358, 3.
[29] Nr. 358, 5.
[30] Nr. 191, 1.
[31] Nr. 191, 3.
[32] Nr. 191, 5.

nun nicht mehr Dienstmagd sein wird, sondern die vornehme Ehefrau eines reichen Engländers, daß sie dennoch auch forthin Gottes Dienerin zu bleiben bereit ist: »Ich will dein diener bleiben, / Und dein lob herrlich treiben / Im Hause, da du wohnest / Und frommsein wohl belohnest.«[33]

Der dritte Choral wirft auf seine Weise ein Licht auf Franziskas Schicksal, die »betend und bettelnd und Gott ver*trauend* nach Holland« (46f) gereist war. »Auf dich, mein lieber Gott ich *traue* [...].«[34] Aber auch der weitere Kontext dieses Chorals, nicht nur diese einzelne Strophe, ist als Kommentar zu ›Franziska‹ heranzuziehen. Oder in der Gegenrichtung: Die Erzählung ist Veranschaulichung und Sinnenfälligwerdung dessen, was im Choral gesungen wird. ›Franziska‹ exemplifiziert die 6. Strophe, die davon spricht, daß es allein in Gottes Plan und Wollen steht, wann er wen erhöht oder auch erniedrigt: »Es sind ja Gott sehr schlechte sachen, / Und ist dem Höchsten alles gleich, / Den reichen klein und arm zu machen, / Den armen aber gros und reich: / Gott ist der rechte wundermann. / Der bald erhöhn, bald stürzen kan.«[35] Hebels Geschichte ist eine Erhöhungs-Geschichte, deren Typos die Josephsgeschichte ist.

Auch der vierte Choral, den Hebel, seine Erzählung beschließend, sozusagen als ›Amen‹ zitiert, kann als Memorierung und Rekapitulation des zuvor Erzählten gelesen und gesungen werden. Es geht nicht darum, abschließend einen frommen Spruch zu zitieren, der nichts mit dem zuvor Gesagten zu tun hätte, sondern darum, eine frömmigkeitsgeschichtlich eingeprägte Sprachform zu finden, die das, was gerade erzählt worden ist, mit den Worten gottesdienstlichen Gemeindegesangs wiederholt und theologisch reflektiert. Das, was Hebel sonst gern in einem »Merke«-Satz als summa summarum gleichsam katechetisch festhält, steht in diesem Falle in einem Choralzitat. Hebel greift mit diesem Choral-Merksatz auf einen Sprachschatz der Frömmigkeit zurück, von dem er hofft, daß er noch zum Merk-Schatz seiner Leser gehört. Denn alle drei Choräle aus dem Zitatblock waren der aufgeklärt-rationalistischen Gesangbuchrevision in Baden 1786 zum Opfer gefallen. Und der Choral

---

[33] Nr. 191, 11.
[34] Nr. 202, 8.
[35] Nr. 202, 6.

»Befiehl du deine Wege« war in unsäglicher Weise entstellt und verkrüppelt worden. Hebels Erzählung ›Franziska‹ ist in jedem Fall Teil seiner scharfen Kritik an solcher Revidiererei und Umformulierung.[36]

›Franziska‹ endet mit einem doppel zusammenfassenden Schluß. Zuerst bietet der Text einen Kommentar des auktorialen Erzählers, der seinen Lesern eröffnet, »was ihn selber an dieser Geschichte am meisten rührt« (132f): »Am meisten rührt ihn, daß der liebe Gott dabei war, als die sterbende Mutter ihre Tochter segnete, und daß er eine vornehme Kaufmannsfrau in Rotterdam in Holland und einen braven reichen Engländer am welschen Meere bestellt hat, den Segen einer armen sterbenden Wittwe an ihrem frommen Kinde gültig zu machen« (133-138). Hier geht es also nicht um gewöhnliche Rührseligkeit. Denn es ist hier gerade das biblische Wort Gottes und die Geschichte Gottes mit einem einzelnen Menschen, wovon Hebel derart angerührt wird, daß er aus dem vorgefundenen Stoff eine theologisch hochreflektierte Erzählpredigt gestaltet. Was Hebel am meisten rührt, ist, wie Gottes Vorsehung sich im Leben eines einzelnen Menschen in Szene setzt und wie Gott vermittelt durch mehrere Menschen in die Biographie Franziskas als Retter und Vergelter hineintritt. Hier steht Hebel staunend vor der göttlichen Vorsehung, die unendlich viele Mittel und Wege kennt, Segen und Verheißung »gültig zu machen« (138). Die vierte Strophe des Chorals von Paul Gerhardt »Befiehl du deine Wege« will den Lobpreis dieser Vorsehung nun dem Leser in den singenden Mund legen. Das, was Hebel in der 3. Pers. Sg. über Gott sagt (»Weg hat er aller Wege / an Mitteln fehlt's ihm nicht«; 139f), soll der Leser nun Gott lobend und ihn ansprechend repetieren: »Weg hast du aller wegen, / An mitteln fehlt dirs nicht / Dein thun ist lauter segen, / Dein gang ist lauter licht, / Dein werk kan niemand hindern, / Dein arbeit darf nicht ruhn, / Wann du, was deinen kindern, / Ersprießlich ist, willt thun.«[37]

Und auch die anderen Strophen dieses Chorals interpretieren die Geschichte ›Franziska‹ auf ihre Weise. Der, »der den himmel lenkt, /

---

[36] Vgl. Steiger, Bibel-Sprache, a. a. O. (wie Anm. 1), S. 307-317.
[37] Gesangbuch 1766, a. a. O. (wie Anm. 22), Nr. 190,4.

Der wolken, luft und winden / Gibt wege, lauf und bahn«[38], der hat auch Franziska geführt (»Der wird auch wege finden, / Da dein fuß gehen kan«[39]). Hebel erzählt eine Geschichte vom Gottvertrauen, um sichtbar und nachahmbar werden zu lassen, was der Aufruf heißt: »Dem Herren mußt du *trauen*, / Wann dirs soll wohl ergehn.«[40] Franziska erhob nach dem Tod der Mutter das Haupt und betete aus tiefster Not zu Gott, denn: »Mit sorgen und mit grämen, / Und mit selbst eigner pein / Läßt Gott ihm gar nichts nehmen, / Es muß erbeten sein.«[41] Paul Gerhardts Choral soll man mit Hebels Erzählung synoptisch lesen, und wer's tut, der wird immer mehr Fäden entdecken, die zwischen diesen beiden Texten gesponnen sind. Franziskas Geschichte ist ein Beispiel dafür, was es heißt, daß Gott sich so stellen kann, als habe er einen Menschen ganz und gar verlassen: »Er wird zwar eine weile / Mit seinem trost verziehn, / Und thun an seinem theile / Als hätt in seinem sinn / Er deiner sich begeben, / Und sollst du für und für / In angst und nöthen schweben, / So frag er nicht nach dir.«[42] Aber Franziska ist nicht nur ihrer Gebieterin treu geblieben, sondern sie hat auch ihrem sie anfechtenden Gott die Treue gehalten. Und der hat sie als »kind der treue«[43] aus aller Not befreit: »Wirds aber sich befinden, / Daß du ihm treu verbleibst: / So wird er dich entbinden / Da dus am mindsten gläubst: / Er wird dein herze lösen / Von der so schweren last, / Die du zu keinem bösen, / Bisher getragen hast.«[44] Nun aber nach der Errettung Franziskas aus der Not kommt die Zeit des Dank- und Lobgesangs: »Gott gibt dir selbst die palmen / In deine rechte hand, / Und du singst freudenpsalmen / Dem, der dein leid gewandt.«[45] Genau diese Freudenpsalmen singt Franziska, wenn sie die drei genannten Choräle singt und dabei das Klavierspielen lernt.

Hebel läßt die Choräle zur hymnischen Biographie werden und seine Erzählung zur narrativen Liedpredigt. Die Choräle sind hier gesungene Biographie, und diese Biographie ist gelebte und leben-

---

[38] Nr. 190, 1.
[39] Ebd.
[40] Nr. 190, 2.
[41] Ebd.
[42] Nr. 190, 9.
[43] Nr. 190, 11.
[44] Nr. 190, 10.
[45] Nr. 190, 11.

dige Auslegung der Choräle. Alltag und gottesdienstlicher Sonntag, Lebensgeschichte, Bibel, Gesangbuch und Kalender wachsen hier in eine spannungsvolle Einheit zusammen. Das, was im Gottesdienst gesungen und in der Heiligen Schrift gelesen wird, bringt sich in Glaubenserfahrung, einer Empirie höchsten Grades, die nicht den Augenschein gegen die Glaubensinhalte setzt, sondern mit den Augen des Glaubens geduldig danach forscht und sucht, wo Gott sinnenfällig wird.

Und so wird denn das menschliche Leben zur Kulisse der biblischen und choral-hymnischen Reflexion auf das menschliche Leben.

Hebel setzt damit das Gesangbuch ein in seinen ureigensten Rang als Seelsorge-Handbuch, aber auch als Laiendogmatik – als theologisches Handbuch der Gemeinde.

Es geht in ›Franziska‹ also um eine doppelte Interpretation. Die biblischen Bausteine und die Choräle legen das Erzählte aus. Aber auch andersrum gilt: Das Leben Franziskas in seiner drängenden Not und Schicksalhaftigkeit ist hermeneutischer Schlüssel für die Bibel- und Gesangbuch-Lektüre. Die gegenwärtige Lebensgeschichte als Leidensgeschichte ist Zugang erst zu dem, was zuvor in der Gestalt ›traditioneller‹ Sprache als alt, vergangen und für heutige Zeiten irrelevant erschienen sein mag. ›Franziska‹ ist eine Inszenierung von Chorälen, eine Aktualisierung von Kreuz-, Not- und Trostliedern – aber eine Aktualisierung, die die Kraft zu derselben aus dem zu Aktualisierenden selbst bezieht.

Die bibel- und choralsprachliche Durchdringung der Hebelschen Geschichte läßt sie unversehens zur evangelischen Predigt werden, zur Predigt im säkularen Kontext des Kalenders.[46] Die Bibel und die alten Gattungen der Erbauungsliteratur und des Gesangbuchs wachsen damit in den Kalender hinein, durchdringen und beleben

---

[46] Vgl. Guido Bee, Aufklärung und narrative Form. Studien zu den Kalendertexten Johann Peter Hebels (= Internationale Hochschulschriften 252), Münster u. a. 1997. Bees Versuch, die bei Hebel ganz deutliche – und eben auch quellenkritisch erhebbare – Biblisierung seiner Stoffe in ihrer Relevanz herunterzuspielen (vgl. z. B. S. 344), führt ins Leere. So geht Bee u. a. von der hermeneutisch unreflektierten sowie, auslegungsgeschichtlich betrachtet, unsinnigen Prämisse aus, daß im Gegensatz zu Hebels ›Biblischen Geschichten‹ »der Respekt, den die Kalendertexte der Schriftüberlieferung gegenüber bezeugen, geringer zu sein scheint, denn wörtliche Zitation spielt hier keine Rolle [...]. Der Erzähler der Biblischen Geschichten kniet vor der Schriftoffenbarung nieder, dem Kalendererzähler dagegen ist sie zwar lieb und wert, er kann aber auch sehr locker mit ihr umgehen« (ebd., S. 342).

ihn und begründen eine neue Gattung geistlicher Literatur. Die Zeitung wird zur Zeitansage der biblischen Zeit und somit zum Sprachmedium Gottes: zur biblischen Zeitung. In dieser Hinsicht gelingt es Hebel, dem aufgeklärten Bedürfnis nach einer neuen Form von Öffentlichkeit und Publizistik Rechnung zu tragen, ohne dabei aber Predigt und Verkündigung inhaltlich zu schmälern oder gar völlig in den Hintergrund treten zu lassen. Die Verkündigung des Wortes Gottes, die Predigt und damit das Kernstück des öffentlichen Gottesdienstes, findet als narrative Lied- und Exempelpredigt in der Öffentlichkeit eine neue Nische. Und dieses eine doppelte Öffentlichkeit schaffende Medium des geistlichen Kalenders kommt in Gestalt des Seelsorgers, der sich ›Hausfreund‹ nennt, in die Häuser und will private Frömmigkeit begründen, fördern und stiften. Die Geschichten des Hausfreundes nämlich wollen Anlaß und Anreiz dafür sein, die Bibel und das Gesangbuch wieder einmal vom Bücherregal zu nehmen. Die Kalenderlektüre ist zwar selbst schon eine biblische, will aber als Bibellektüre und Choralgesang fortgesetzt werden, lectio continua biblica evozieren und damit den Weg zum sonntäglichen Gottesdienst bereiten.

Hebels Kalendergeschichte ›Franziska‹ ist narrative Liedpredigt und Erzählpredigt über verschiedene biblische Texte gleichermaßen. Die alte Gattung der Liedpredigt, von der gesagt worden ist, sie trete in der Aufklärungszeit stark in den Hintergrund,[47] lebt also nicht nur in den »Gedanken über Kirchenlieder«[48] des Königsberger Kant-Kritikers Johann Georg Hamann weiter, sondern: Diese Gattung findet auch in Hebels Kalendergeschichten eine neue Artikulationsform und meldet in diesem säkularen Medium neuen Anspruch an.

Von Hebel ist zu lernen, wie die christliche Verkündigung in heutiger Zeit einen neuen Zugang zum Gesangbuch als Predigttextsammlung finden könnte. Und die sog. narrative Theologie, die bisweilen völlig verfehlt meint, die Narrativität gegen die ›starre‹ Lehre und Dogmatik ausspielen zu können, wird von Hebel zu

---

[47] Vgl. Martin Rößler, Die Liedpredigt. Geschichte einer Predigtgattung (= Veröffentlichungen der Evangelischen Gesellschaft für Liturgieforschung 20), Göttingen 1976, S. 263.
[48] Vgl. Johann Georg Hamann, Londoner Schriften, krit. hg. von Oswald Bayer und Gerd Weißborn, München 1993.

lernen haben, daß alles Erzählen zur Hohlheit verkommt, wenn man nicht fähig ist, die Inhalte der Dogmatik biblisch zu erzählen. Von Hebel wäre weiter zu lernen, wie in Zeiten tiefgreifender ›Traditionsabbrüche‹ poetische und hermeneutische Bemühungen unternommen werden könnten, das Alte und in Vergessenheit Geratene in wirklich neuer Sprachform in Erinnerung zu bringen, ohne dabei die empirisch feststellbare veränderte Situation (›das versteht doch heute keiner mehr!‹) als Rechtfertigung der eigenen Spracharmut in geistlichen Dingen zu mißbrauchen.

II

›Die Vergänglichkeit‹ und die Apokalyptik der Alemannischen Gedichte

1. Text der ›Vergänglichkeit‹

Die Vergänglichkeit.[1]

(Gespräch auf der Straße nach Basel zwischen Steinen und Brombach, in der Nacht.)

Der Bub seit zum Ätti:

Fast allmol, Ätti, wenn mer 's Röttler Schloß
so vor den Auge stoht, se denki dra,
öbs üsem Hus echt au e mol so goht.
Stohts denn nit dört, so schuderig, wie der Tod
5   im Basler Todtetanz? Es gruset mer,
wie länger aßi 's bschau. Und üser Hus,
es sizt io wie ne Chilchli uffem Berg,
und d' Fenster glitzeren, es isch e Staat.
Schwetz Ätti, gohts em echterst au no so?
10 I mein emol, es chönn schier gar nit sy.

Der Ätti seit:

Du gute Burst, 's cha frili sy, was meinsch?
's chunnt alles iung und neu, und alles schlicht
im Alter zu, und alles nimmt en End,
und nüt stoht still. Hörsch nit, wie 's Wasser ruuscht,
15 und siehsch am Himmel obe Stern an Stern?
Me meint, vo alle rühr si kein, und doch
ruckt alles witers, alles chunnt und goht.
Je, 's isch nit anderst, lueg mi a, wie d' witt.
De bisch no iung; närsch, i bi au so gsi,
20 iez würds mer anderst, 's Alter, 's Alter chunnt,
und woni gang, go Gresgen oder Wies,
in Feld und Wald, go Basel oder heim,
's isch einerley, i gang im Chilchhof zu, –
briegg, alder nit! – und biß de bisch wien ich,
25 e gstandene Ma, se bini nümme do,

---

[1] Vorausmitteilung der Hebel-Edition, Adrian Braunbehrens. Auch die unten gebotenen Zitate aus anderen Gedichten Hebels folgen dieser Vorausmitteilung.

und d' Schof und Geiße weide uf mi'm Grab.
Jo wegerli, und 's Hus wird alt und wüst;
der Rege wäscht der's wüster alli Nacht,
und d' Sunne bleicht der's schwärzer alli Tag,
30 und im Vertäfer popperet der Wurm.
Es regnet no dur d' Bühne ab, es pfift
der Wind dur d' Chlimse. Drüber thuesch du au
no d' Auge zu; es chömme Chindes-Chind,
und pletze dra. Z'lezt fuults im Fundement,
35 und's hilft nüt me. Und wemme nootno gar
zweytusig zehlt, isch alles zsemme g'keit.
Und endli sinkt 's ganz Dörfli in si Grab.
Wo d' Chilche stoht, wo 's Vogts und 's Here Hus,
goht mit der Zit der Pflug –

Der Bub seit:

Nei, was de seisch!

Der Ätti seit:

40 Je, 's isch nit anderst, lueg mi a, wie d' witt!
Isch Basel nit e schöni tolli Stadt?
's sin Hüser drinn, 's isch mengi Chilche nit
so groß, und Chilche, 's sin in mengem Dorf
nit so viel Hüser. 's isch e Volchspiel, 's wohnt
45 e Richthum drinn, und menge brave Her,
und menge, woni gchennt ha, lit scho lang
im Chrütz-Gang hinterm Münster-Platz und schloft.
's isch eithue, Chind, es schlacht e mol e Stund,
goht Basel au ins Grab, und streckt no do
50 und dört e Glied zum Boden us, e Joch,
en alte Thurn, e Giebel-Wand; es wachst
do Holder druf, do Büechli, Tanne dört,
und Moos und Farn, und Reiger sitze druf –
's isch schad derfür! – und sin bis dörthi d' Lüt
55 so närsch wie jez, se göhn au Gspenster um,
der Sulger, wo die arme Bettel-Lüt
vergelstert het, der Lippi Läppeli,
und was weiß ich, wer meh. Was stoßisch mi?

Der Bub seit:

    Schwetz lisli Ätti, bis mer über d' Bruck
60 do sin, und do an Berg und Wald verbey!
Dört obe iagt e wilde Jäger, weisch?
Und lueg, do niden in de Hürste seig
gwiß 's Eyer-Meidli g'lege, halber ful,
's isch Johr und Tag. Hörsch, wie der Laubi schnuft?

Der Ätti seit:

65   Er het der Pfnüsel! Seig doch nit so närsch!
Hüst Laubi, Merz! – und loß die Todte go,
's sin Nare-Posse! – Je, was hani gseit?
Vo Basel, aß es au e mol verfallt. –
Und goht in langer Zit e Wanders-Ma
70 ne halbi Stund, e Stund wit dra verbey,
se luegt er dure, lit ke Nebel druf,
und seit si'm Camerad, wo mittem goht:
»Lueg, dört isch Basel gstande! Selle Thurn
»isch d' Peters-Chilche gsi, 's isch schad derfür!«

Der Bub seit:

75   Nei Ätti, ischs der Ernst, es cha nit sy?

Der Ätti seit:

    Je 's isch nit anderst, lueg mi a, wie d' witt,
und mit der Zit verbrennt die ganzi Welt.
Es goht e Wächter us um Mitternacht,
e fremde Ma, me weiß nit, wer er isch,
80 er funklet, wie ne Stern, und rüeft: »*Wacht auf!*
Wacht auf, es kommt der Tag!« – Drob röthet si
der Himmel, und es dundert überal,
z' erst heimli, alsgmach lut, wie sellemol
wo Anno Sechsenünzgi der Franzos
85 so uding gschoße het. Der Bode wankt,
aß d' Chilch-Thürn guge; d' Glocke schlagen a,
und lüte selber Bet-Zit wit und breit,
und alles betet. Drüber chunnt der Tag;

o, bhütis Gott, me brucht ke Sunn derzu,
90 der Himmel stoht im Blitz, und d' Welt im Glast.
Druf gschieht no viel, i ha iez nit der Zit;
und endli zündets a, und brennt und brennt,
wo Boden isch, und niemes löscht; es glumst
zlezt selber ab. Wie meinsch, siehts us derno?

Der Bub seit:

95 O Ätti, sag mer nüt me! Zwor wie gohts
de Lüte denn, wenn alles brennt und brennt?

Der Ätti seit:

Närsch, d' Lüt sin nümme do, wenns brennt, sie sin –
wo sin sie? Seig du frumm, und halt di wohl,
geb, wo de bisch, und bhalt di Gwisse rein!
100 Siehsch nit, wie d' Luft mit schöne Sterne prangt!
's isch iede Stern verglichlige ne Dorf,
und witer oben isch e schöni Stadt,
me sieht sie nit vo do, und haltsch di gut,
se chunnsch in so ne Stern, und 's isch der wohl,
105 und findsch der Ätti dört, wenns Gottswill isch,
und 's Chüngi selig, d' Mutter. Öbbe fahrsch
au d' Milchstroß uf in die verborgeni Stadt,
und wenn de sitwärts abe luegsch, was siehsch?
e Röttler Schloß! Der Belche stoht verchohlt,
110 der Blauen au, as wie zwee alti Thürn,
und zwische drinn isch alles use brennt
bis tief in Boden abe. D' Wiese het
ke Wasser meh, 's isch alles öd und schwarz
und todtestill, so wit me luegt – das siehsch,
115 und seisch di'm Cammerad, wo mitder goht:
»Lueg, dört isch *d'Erde* gsi, und selle Berg
»het Belche gheiße! Nit gar wiit dervo
»isch Wisleth gsi, dört hani au scho glebt,
»und Stiere g'wettet, Holz go Basel gführt,
120 »und brochet, Matte g'raust, und Liecht-Spöh' gmacht,
»und gvätterlet, biß an mi selig End,
»und möcht iez nümme hi.« – *Hüst Laubi, Merz!*

2. Interpretation

Über Hebels Gedicht ›Die Vergänglichkeit‹ ist einiges geschrieben worden.[1] Was jedoch fehlt, ist eine Untersuchung, die dem theologischen Gehalt dieses mundartlichen Gedichtes[2] auf den Grund geht. Bisher ist derselbe zumeist vage als Ausblick auf die ›metaphysische Heimat‹ o. ä. definiert worden. Es ist zutreffend gesagt worden, die Apokalypse des Johannes fungiere neben antik-heidnischen Topoi für Hebel als literarische Vorlage,[3] ohne daß dies jedoch auch materialiter gezeigt worden wäre, während andere eben diesen (– zuweilen sogar jeglichen christlichen –) Hintergrund kategorisch abstreiten.[4] Dringt man tiefer in die biblisch-theologische Machart dieses Gedichtes ein, so zeigt sich bald, daß Hebel durch

---

[1] Vgl. Uli Däster, Johann Peter Hebel in Selbstzeugnissen und Bilddokumenten (= Rowohlt Bildmonographien 195), Reinbek 1973, S. 57–69; Hans-Martin Gauger, Hebels Gedicht ›Die Vergänglichkeit‹, in: Romanistische Zeitschrift für Literaturgeschichte 8 (1984), S. 80–84; ders., Hebels Gedicht ›Die Vergänglichkeit‹, in: Freiburger Universitätsblätter 124 (1994), S. 97–108 (wieder in: Carl Pietzcker und Günter Schnitzler [Hgg.], Johann Peter Hebel. Unvergängliches aus dem Wiesental, Freiburg i. B. 1996, S. 379–409; Dieter Arendt, Johann Peter Hebels Schwarzwald-Apokalypse oder ›Hörsch nit wie's Wasser ruuscht […]‹, in: Alemannisches Jahrbuch 1984/86, Bühl/Baden 1988, S. 129–145; Carl Pietzcker, Vertrautes Gespräch über Unvertrautes. Johann Peter Hebel ›Die Vergänglichkeit‹, in: Ders., Lesend Interpretieren. Zur psychoanalytischen Deutung literarischer Texte (= Freiburger literaturpsychologische Studien 1), Würzburg 1992, S. 120–183; Arnold Stadler, Johann Peter Hebel. Die Vergänglichkeit, Stuttgart u. a. 1997.
[2] So Gauger 1994, a. a. O. (wie Anm. 1), S. 97.
[3] Vgl. ebd., S. 105. Zum antik-heidnischen Hintergrund vgl. z. B. Wilhelm Altwegg, Johann Peter Hebel (= Die Schweiz im deutschen Geistesleben 22), Frauenfeld/Leipzig 1935, S. 157 und Pietzcker, a. a. O., (wie Anm. 1), 141–144.
[4] Vgl. Arendt, a. a. O. (wie Anm. 1), der S. 133 von »biblische[n] Anklänge[n]« und von der »Sprache der Bibel« (ebd., S. 135) spricht. Immerhin werden S. 139–144 einige biblische Bezugspunkte aufgewiesen. Pietzcker, a. a. O. (wie Anm. 1), bes. S. 136–140 hat ein derart gestörtes Verhältnis zur biblischen Apokalyptik, die er mit Etiketten wie »Orgie des Hasses« (ebd., S. 139) u. ä. belegt, daß er sich durch derartige – auch den von ihm genannten biblischen Texten nicht gerecht werdende – Vorverständnisse den Blick für die Interpretation der ›Vergänglichkeit‹ im apokalyptischen Kontext verstellt. Vgl. indes die von Pietzcker (ebd., S. 141–144) angeführten Similien aus der antik-heidnischen Literatur, zu denen er offenkundig ein weit weniger vorbelastetes Verhältnis hat. Stadler, a. a. O. (wie Anm. 1), S. 30f geht sogar so weit zu sagen: »Im Gedicht ›Die Vergänglichkeit‹ […] habe ich *nicht eine* christliche Spur entdecken können.« Hebel habe bei der Abfassung des Gedichtes gar vergessen, »daß er ein Berufschrist war« (ebd., S. 35), so daß man ihn einen »fromme[n] Heide[n]« (ebd., S. 29) zu nennen habe.

versteckte Zitationen und Allusionen verschiedenste biblische Topoi verarbeitet und poetisch neu versprachlicht. Insbesondere an den Alemannischen Gedichten läßt sich erheben, daß Hebel die Bibel keineswegs im Sinne eines platten Biblizismus benutzt, sondern sich vielmehr in sehr freier Weise von ihr inspirieren läßt. Die Bindung an den Text der Bibel ist für Hebel geradezu Grund und Ursprung der dichterischen Eigenständigkeit. Diese Freiheit in der Bindung jedoch ist wiederum selbst schriftgemäß, weil die biblischen Schriftsteller ebenfalls mit den ihnen jeweils vorgegebenen heiligen Texten spielerisch, poetisch, assoziativ – eben interpretierend – umgehen. Auch die übliche theologie-historische Einordnung dieses Gedichtes als Produkt aufgeklärter Theologie wird in diesem Beitrag zu differenzieren sein.

Die Ruine des Rötteler Schlosses ist der symbolische Ausgangspunkt für ein Gespräch über die Vergänglichkeit und gewissermaßen emblematische Weissagung, daß der ganze Kosmos einst zur Ruine werden wird.[5] Dieser Idee liegt der biblische Gedanke zugrunde, daß alle Dinge, ja Himmel und Erde, vergehen, Gott allein aber, der Ewige, bleibt. ›Du hast vormals die Erde gegründet, und die Himmel sind deiner Hände Werk. Sie werden vergehen, aber du bleibest‹ (Ps 102,27). ›Himmel und Erde werden vergehen; aber meine Worte werden nicht vergehen‹ (Mt 24,35). Das Vergehen der alten Welt und der ersten Schöpfung ist dabei die Voraussetzung für die Aufrichtung der neuen Schöpfung, des neuen Himmels und der neuen Erde, so daß der Visionär der Apk, in die Zukunft des Jüngsten Tages hineinversetzt, bereits rückblickend sagen kann: ›Und ich sah einen neuen Himmel und eine neue Erde; denn der erste Himmel und die erste Erde verging, und das Meer ist nicht mehr‹ (Apk 21,1).

Geschickt lenkt das Gedicht den Blick des Lesers schrittweise von der Rötteler Schloßruine auf den endzeitlichen Weltenbrand, indem zunächst »üser Hus« (6) als ein dem Zerfall entgegengehendes vorgestellt wird, dessen »Fundement« (34) verfaulen wird, und dann davon die Rede ist, daß das ganze Dorf und schließlich auch die

---

[5] Ganz ähnlich äußert sich Hebel auch in seiner »Die Ruinen« betitelten Aufzeichnung (1811), die mit den Worten schließt: »Auch die Erde wird einst Ruine sein unter den Sternen. Der Mond ist's vielleicht schon« (Johann Peter Hebel, Werke, hg. von Wilhelm Altwegg, 2 Bde., o. O. ²o. J., I, S. 398).

Stadt Basel ins Grab sinken werden, wobei Hebel zwei ähnlich konstruierte Sätze verwendet und, das Dorf und Basel gleichermaßen personifizierend, formuliert:

»Und endli sinkt 's ganz Dörfli in si Grab« (37)
»es schlacht e mol e Stund, / goht Basel au ins Grab« (48f)

Sodann leitet der Text zur Thematisierung der Verheißung des Weltendes über: »und mit der Zit verbrennt die ganzi Welt« (76). Der Blick wird also stufenweise von der Betrachtung des einzelnen auf diejenige des Kosmos ausgeweitet. Die Vergänglichkeit der zivilisatorischen Errungenschaften ist dabei ein Sinnbild für die Flüchtigkeit des menschlichen Lebens einerseits und der eschatologischen Begrenztheit des alten Äons insgesamt andererseits. Die Dramatik des Vorausblicks auf das Ende des Hauses und Basels kommt dadurch zustande, daß Hebel zunächst beider Pracht recht ausführlich beschreibt, um dann die Flüchtigkeit derselben umso deutlicher im Kontrast hervorzuheben:

»Und üser Hus, / es sizt io wie ne Chilchli uffem Berg, / und d'Fenster glitzern, es isch e Staat.« (7f)
»Isch Basel nit e schöni tolli Stadt? / 's sin Hüser drinn, 's isch mengi Chilche nit / so groß, und Chilche, 's sin mengem Dorf / nit so viel Hüser« (41-44).

Das Haus, das einem Kirchlein auf einem Berg verglichen wird, tritt damit in Kontrast zum »schuderig[en]« (4) Rötteler Schloß, das auf dem Berg steht »so schuderig, wie der Tod / im Basler Todtetanz« (4f), wodurch bereits auf die spätere erneute Thematisierung Basels vorausverwiesen ist. Zugleich wird hiermit dem Groß-Baseler Totentanz ein Denkmal gesetzt. In unmittelbarer Nähe dieses Totentanzes, der nur zwei Jahre nach der Veröffentlichung der Alemannischen Gedichte dem Ikonoklasmus einer Moderne zum Opfer fallen sollte (1805), die sich seit der Aufklärung von der alten Tradition der Sterbekunst und ihrer Spiritualität immer stärker distanzierte, ist Hebel geboren und aufgewachsen. Schon den 27-jährigen haben diese Bilder zur Niederschrift einiger Gedanken veranlaßt.[6] Hebel schafft mit seinem Gedicht einen nun poetischen Totentanz, der – die ›ars moriendi‹ in eigenständiger Weise fortschreibend – das ›memento mori‹ apokalyptisch kosmologisiert und damit nicht nur die

---

[6] Vgl. die ›Ideen zu Zeichnungen‹ (1787) ebd., I, S. 396f.

Menschen an den bevorstehenden Tod erinnert, sondern auch daran, daß diese Vergänglichkeit eingebettet ist in die endzeitliche ›conflagratio mundi‹. Kein Wunder ist es, daß der Ätti aufgrund dieser Totentanz-Reminiszenz, bevor er auf die Vergänglichkeit von Haus, Dorf, Basel und Welt zu sprechen kommt, zuerst im Sinne der zur meditatio mortis anleitenden Totentanz-Darstellungen seinen eigenen Tod in den Blick nimmt. Indem der Ätti zunächst mit Hilfe des Heraklitschen ›panta rhei‹ (»nüt stoht still« [14]) daran erinnert, daß »alles chunnt und goht« (17) wie das rauschende Wasser, lenkt er den Blick auf sich selbst, wobei er dem biblischen memento mori (Ps 90,12: ›Lehre uns bedenken, daß wir sterben müssen, auf daß wir klug werden‹) nachkommt, indem er sagt: »und woni gang, go Gresgen oder Wies, / in Feld und Wald, go Basel oder heim, / 's isch einerley, i gang im Chilchhof zu« (23). Hiermit verarbeitet Hebel einen uralten Topos, der ähnlich sowohl bei Seneca als auch bei den Kirchenvätern zu finden ist, etwa bei Gregor dem Großen.[7]

In dieser Hinsicht steht Hebels Gedicht in der Tradition der ars moriendi, die dazu auffordert, des Todes und der Endlichkeit des irdischen Lebens täglich aufgrund von solchen alltäglichen Begebenheiten zu gedenken, die als Sinnbilder der Vergänglichkeit zu fungieren fähig sind. Auch die Idee, das menschliche Leben mit einer auf das Ziel des Grabes ausgerichteten Wanderschaft zu vergleichen, verdankt sich biblischen Vorbildern, z. B. dem auf Grabsteinen des 17. und 18. Jahrhunderts häufig zu findenden Spruch Gen 47,9: ›Die Zeit meiner Wallfahrt ist hundertdreißig Jahre; wenig und böse ist die Zeit meines Lebens.‹

Der Zerfall des Hauses wird von Hebel besonders stark entfaltet. Es wird »alt und wüst« (27) werden, wobei das Stichwort ›wüst‹ in der nächsten Zeile als Komparativ erneut aufgenommen wird, indem

---

[7] Vgl. Seneca, Ad Lucilium epistulae morales, tom. 1, recognovit et adnotatione critica instruxit L. D. Reynolds, Oxford 1965, lib. 3, 24, 20, S. 70: »Cotidie morimur; cotidie enim demitur aliqua pars vitae, et tunc quoque cum crescimus vita decrescit.« Vgl. Gregor d. Gr., Registrum epistularum, lib. 7, 26, Corpus Christianorum, Series Latina 140, Turnholt 1982, S. 482, Z. 17-22: »Vita enim nostra nauiganti est similis. Is namque qui nauigat, stet, sedeat, iaceat: uadit, quia impulsu nauis ducitur. Ita ergo et nos sumus, qui siue uigilantes siue dormientes, siue tacentes siue loquentes, siue iacentes siue ambulantes, siue uolentes siue nolentes per momenta temporum cotidie semper ad finem tendimus.«

der fortschreitende Verfall mit folgenden Worten näher beschrieben wird: »der Rege wäscht der's wüster alli Nacht« (28). Besonders deutlich sticht das Paradox hervor, demzufolge die Sonne das Haus Tag für Tag schwärzer bleicht: »und d' Sunne bleicht der's schwärzer alli Tag« (29). Der Wurm »popperet« »im Vertäfer« (30), es regnet in das Haus hinein, so daß es schließlich »im Fundement« (34) fault. Und schließlich sind alle Restaurierungsarbeiten unnütz: »und's hilft nüt me« (35).

An drei Stellen des Gedichtes ist davon die Rede, daß sich die Natur die ihr zivilisatorisch und kulturell abgerungenen Dinge zurückholt. Vom Grab des Ätti heißt es: »und d'Schof und Geiße weide uf mim Grab« (26), vom Dorf: »Wo d' Chilche stoht, wo 's Vogts und 's Here Hus, / goht mit der Zit der Pflug« (38f) und von Basel: »es wachst / do Holder druf, do Büechli, Tanne dört, / und Moos und Farn, und Reiger niste drinn«[8] (51–53). In diese Passage sind zahlreiche biblische Allusionen verwoben, die sämtlich alttestamentlich-prophetischen Unheilsweissagungen entnommen sind. Die erste Stelle erinnert an Jes 17,2. Hier wird davon gesprochen, daß die Städte Aroer entvölkert sein werden und ›Herden daselbst weiden (werden), die niemand scheuche‹ (vgl. Jes 32,13). In Jer 26,18 und Micha 3,12 ist in prophetischen Gerichtssprüchen die Rede davon, daß der Zion ›wie ein Acker gepflügt werden‹ wird – ein Motiv, das in der zweitgenannten Hebel-Stelle mitschwingt. Das Motiv, demzufolge in verlassenen Städten Sträucher die Gebäude überwuchern, findet sich in Jes 32,14: ›Denn es werden auf dem Acker meines Volkes Dornen und Hecken wachsen, dazu über allen Häusern der Freude in der fröhlichen Stadt‹, aber auch in Jes 34,13: ›Und werden Dornen wachsen in seinen Palästen, Nesseln und Disteln in seinen Schlössern.‹ Auch das Bild von den in den menschenleeren Häusern nistenden Reihern hat ein Vorbild in der Bibel. In Jes 34,15 ist die Rede davon, daß in den Häusern der zerstörten Städte der Feinde Israels Nattern und Weihen, also Raubvögel (vgl. Lev 11,14; Dtn 14,13), nisten werden: ›Die Natter wird auch daselbst nisten und legen, brüten und aushecken unter seinem Schatten; auch werden die Weihen daselbst zusammenkommen.‹ Die Szenerie, die Hebel in seinem Gedicht schafft, verdankt sich

---

[8] So die 3. Auflage. Erstdruck: »und Reiger sitze druf«.

biblischen Vorbildern und rezipiert die Metaphorik, die für die prophetischen Gerichtsreden charakteristisch ist.

Den künftigen Verfall Basels illustriert Hebel weiter dadurch, daß er seinen Leser in den »Wanders-Ma« (69) hineinversetzt, der an den Ruinen Basels »e Stund wit dra verbey« (70) geht und zu seinem Begleiter sagt: »›Lueg, dört isch Basel gstande! Selle Thurn / isch d' Peters-Chilche gsi, 's isch schad derfür« (73f), wobei hier in der direkten Rede die Wendung »'s isch schad derfür« (54) aus dem Vorangegangenen erneut aufgenommen wird. Für diese Szene könnte 1Kön 9,8 Pate gestanden haben, wo innerhalb einer Unheilsankündigung gegen Israel davon gesprochen wird, daß der Tempel in Jerusalem verwüstet werden wird. Auch hier wird der Leser in der einst an den Ruinen vorbeiziehende Reisende hineinversetzt, indem es heißt: ›Und das Haus wird eingerissen werden, daß alle, die vorübergehen, werden sich entsetzen und zischen und sagen: Warum hat der Herr diesem Land und diesem Hause also getan?‹

Im folgenden Abschnitt setzt Hebel die biblische Vision des Weltbrandes poetisch um, der Apk 7,7.10 zufolge durch die erste und dritte Posaune entfacht wird. ›Und der erste Engel posaunte: und es ward ein Hagel und Feuer, mit Blut gemengt, und fiel auf die Erde; und der dritte Teil der Bäume verbrannte, und alles grüne Gras verbrannte [...] Und der dritte Engel posaunte: und es fiel ein großer Stern vom Himmel, der brannte wie eine Fackel und fiel auf den dritten Teil der Wasserströme und über die Wasserbrunnen.‹ Die Apk nimmt hier eindeutig Bildmaterial aus der Eschatologie des Alten Testaments auf, etwa den Vergleich des Tages des Herrn mit einem brennenden Ofen Mal 3,19 (›Denn siehe, es kommt ein Tag, der brennen soll wie ein Ofen‹).

Hebel versteht es, seinem Gedicht einen eschatologisch-apokalyptischen Hintergrund zu verleihen, indem er den Weltenbrand, der im außerchristlichen Bereich etwa in der Stoa eine gewichtige Rolle spielt, im Sinne der klassischen Lehre von der annihilatio mundi als Durchgangsstufe innerhalb des Prozesses der Aufrichtung der neuen Schöpfung vor Augen malt. Die Wendung »und mit der Zit verbrennt die ganzi Welt« (77) wird wenig später mit der Formulierung »und endli zündets a, und brennt und brennt, / wo Boden isch, und niemes löscht« (92f) gedanklich fortgeführt. Sodann wird das Ende und Verglimmen des Brandes mit den Worten geschildert:

»Es glumst / zlezt selber ab« (93f). Die Dauer und die Totalität des Brandes bildet Hebel durch die Verdoppelung des Verbums ›brennt‹ ab, die sich in der Nachfrage des »Bub[en]« noch einmal wiederholt (»wie gohts / de Lüte denn, wenn alles brennt und brennt?« [95f]). Am Ende des Gedichtes wird dieses Motiv in der Betrachtung der verbrannten, nun vergangenen alten Welt durch die in das himmlische Jerusalem Entrückten noch einmal thematisch aufgenommen, indem es heißt: »Öbbe fahrsch / au d' Milchstroß uf in die verborgeni Stadt, / und wenn de sitwärts abe luegsch, was siehsch? / e Röttler Schloß! Der Belche stoht verchohlt, / der Blauen au, as wie zwee alti Thürn, / und zwische drinn isch alles use brennt, / bis tief in Boden abe« (106–112). Auch hier schwingt die Sprache biblischer Gerichtsankündigungen mit, in diesem Fall einer solchen gegen Babylon Jer 51,25, wo es heißt: ›Siehe, ich will an dich, du schädlicher Berg, der du alle Welt verderbest, spricht der Herr; ich will meine Hand über dich strecken […] und will einen verbrannten Berg aus dir machen.‹

War zunächst die Ruine des Rötteler Schlosses der Anlaß, nach der Vergänglichkeit von Haus, Dorf, Basel und der ganzen Welt meditativ zu fragen, die Schloßruine also Sinnbild für die endzeitlich untergehende Welt, so werden nun der verbrannte Belchen und der im Feuer vergangene Blauen wiederum mit zwei alten Türmen verglichen. Der Kreis schließt sich. Die Rede vom die Welt vernichtenden Feuer in Apk 7 kombiniert Hebel mit dem Apk 16 entnommenen Bild von der Vertrocknung der Flüsse. Die Ausgießung der sechsten Zornesschale (Apk 16,12: ›und das Wasser vertrocknete‹) transponiert Hebel in den heimatlichen Kontext des Markgräflerlandes, indem er sagt: »D' Wiese het / ke Wasser meh« (112f).

Das apokalyptische Szenarium komplettiert Hebel, indem er den ebenfalls aus der Apk als Endzeitzeichen bekannten Donner in seinem Text repräsentiert (»und es dundert überal« [82]), kurz darauf auch das Erdbeben nennt (»Der Bode wankt« [85]) und schließlich den Blitz in seinen Text einbaut (»der Himmel stoht im Blitz, und d' Welt im Glast« [90]). Hebel hat damit die Eigenart der Apk, die Donner, Erdbeben und Blitz dreimal als im Sinne einer Trias eng aufeinander bezogene Endzeitzeichen in Aussicht stellt (Apk 8,5; 11,19; 16,18), nachempfunden und poetisch fruchtbar gemacht. Es ist also nicht richtig, daß Hebel aus der Apk nur das Feuer aufnimmt, wie Gauger meint,[9] wenngleich zutreffend ist, daß Hebel in der Beschreibung des apokalyptischen Chaos indirekt zu erkennen gibt, daß es noch weitere Zeichen gibt, indem er den Ätti sagen läßt: »Druf gschieht no viel, i ha jez nit der Zit« (91).

Bevor der Ätti nach der Ausmalung des endzeitlichen Szenarios auf die Verheißung der Entrückung der Glaubenden in das neue Jerusalem zu sprechen kommt, schaltet er zunächst einen kurzen mahnenden (paränetischen) Passus in seine Erzählung ein, indem er zu seinem Sohn sagt: »Seig du frumm, und halt di wohl, / geb, wo de bisch, und bhalt di Gwisse rein!« (98f) Hebel verwendet für diese Ermahnung wiederum biblische Sprache, indem er Ps 37,37 zitiert. ›Bleibe fromm und halte dich recht; denn solchem wird's zuletzt wohl ergehen.‹ Hebel steht damit als Poet in der Tradition der eschatologischen Gerichts- und Bußpredigt, die die Menschen aufgrund des kurz bevorstehenden Endes zur rechtzeitigen Umkehr rufen will. Auffällig zumindest ist, daß Hebel an dieser Stelle nicht explizit von der Androhung ewiger Höllenstrafen spricht und auch nicht von der Ausrottung der Gottlosen wie die Fortsetzung des von ihm zitierten Psalmes (Ps 37,8: ›Die Übertreter aber werden vertilgt miteinander, und die Gottlosen werden zuletzt ausgerottet‹). Daher sagt der Ätti zu seinem Sohn lediglich positiv: »und haltsch di gut, / se chunnsch in so ne Stern, und 's isch der wohl« (103f), nicht aber negativ, was geschehen wird, wenn er sich nicht ›wohl hält‹.

Aufs engste verbunden jedoch mit der Schilderung der apokalyptischen Drangsal ist in Hebels Text die Verheißung des Jüngsten Tages, den er andernorts – in seinem eschatologischen Brief – mit (Pseudo-)Luther den »liebe[n] iüngste[n] Tag«[10] nennt, an dem die Verheißung der neuen Schöpfung in Erfüllung geht und der neue Himmel und die neue Erde (Apk 21,1ff) Gestalt gewinnen. Es tritt nämlich inmitten des apokalyptischen Chaos der aus Jes 62 bekannte Wächter auf und ruft die vom Tode Erweckten in die Heimat des neuen Jerusalem hinein, das Hebel auch »e schöni Stadt« (102) und

---

[9] Gauger 1994, a. a. O. (wie Anm. 1), S. 105: »Die Schilderung des Weltuntergangs selbst ist dann zurückhaltend: eigentlich ist da nur Feuer.«
[10] Hebel, Briefe. Gesamtausgabe, hg. und erl. von Wilhelm Zentner, 2 Bde., Karlsruhe ²1957, S. 7. Hebel an Gustave Fecht 19. 2. 1792. Zur Apokryphie dieses ›Luther‹-Wortes vgl. Martin Schloemann, Luthers Apfelbäumchen? Ein Kapitel deutscher Mentalitätsgeschichte seit dem Zweiten Weltkrieg, Göttingen 1994, S. 20.

»die verborgeni Stadt« (107) nennt, in die die Auserwählten, auf der Milchstraße sich nähernd, einfahren: »Öbbe fahrsch / au d'Milchstroß uf in die verborgeni Stadt.« Die ›Vergänglichkeit‹ beschreibt also zwei Wege, die der Mensch zu gehen hat – erstens den Lebensweg, der den Menschen schließlich ins Grab führt, und zweitens die Reise, die ihn aus der irdischen Heimat des Markgräflerlandes in die ewige Heimat führt. Die zweite Reise setzt die erste fort, oder – wie Hebel in ›Der Wächter in der Mitternacht‹ formuliert: »Vom Chilchhof seigs gwiß nümme wiit.« Anlaß aber für die Betrachtung der endzeitlichen Heimat ist die Liebe zur irdischen Heimat[11], die über sich selbst hinausweist – genauso wie die neue Heimat auf die alte zurückverweist, die Menschen zurückblicken läßt auf das nun Verlorene, auf das Rötteler Schloß und den Belchen. Genau diese Reise von der einen Heimat zur anderen beschreibt Hebel auch in einem Brief an Gustave Fecht, in dem er den Belchen als Ausgangspunkt für die Auffahrt in den Himmel fragend beschreibt: »Ist es wahr, daß die erste Station von der Erde zum Himmel auf dem Belchen ist und die zweite im Mond und die dritte auf dem Morgenstern und daß dort alle 8 Tage ein Komet als Postwagen ankommt und die angelangten Fremdlinge von aller Welt Ende ins himmlische Jerusalem zur ewigen Heimath fährt?«[12]

Der um Mitternacht auftretende Wächter in Hebels Gedicht verdankt sich Jes 62,6f als biblisch-literarischer Vorlage, wo Gott verheißt, auf den Mauern Jerusalems Wächter zu bestellen, ›die den ganzen Tag und die ganze Nacht nimmer stillschweigen sollen und die des Herrn gedenken sollen, auf daß bei euch kein Schweigen sei und ihr von ihm nicht schweiget‹. Tag und Nacht stiften diese Wächter Erinnerung an Gott und seine Verheißungen. Daher tritt auch Hebels Wächter mitternachts auf und erinnert an die gnädige Verheißung der neuen Schöpfung, indem er ruft: »›Wacht auf! / Wacht auf, es kommt der Tag!‹« (80f) Und Hebel verleiht diesem erweckenden Ruf Nachdruck, indem er nur ihn hochdeutsch formuliert und gleichzeitig den sich ebenfalls von Jes 62 herschreibenden

---

[11] Vgl. hierzu: Walther Eisinger, Erlebte und ersehnte Heimat. Theologie und Dichtung bei J. P. Hebel, in: Jürgen Seim und Lothar Steiger (Hgg.), Lobet Gott. Beiträge zur theologischen Ästhetik. Festschrift Rudolf Bohren zum 70. Geburtstag, München 1990, S. 86–95.
[12] Hebel, Briefe, S. 39. Hebel an Gustave Fecht 25. 12. 1795.

Choral Philipp Nicolais ›Wachet auf, ruft uns die Stimme‹ und damit die liturgische Zeit des endenden Kirchenjahres, nämlich den Sonntag des Jüngsten Tages, in Erinnerung ruft. Zur Unzeit – mitternachts – bricht das Morgenrot des ersten Tages der neuen Schöpfung herein.

Dieses mitternächtliche Morgenrot ist auch im Gedicht ›Der Wächter in der Mitternacht‹ Zeichen des anbrechenden Jüngsten Tages, der die Aufrichtung der endzeitlichen Heimat mit sich bringt. »Si hen io d' Uhr im Thurn, und weißi denn, / isch au scho ihri Mitternacht verbey? / 's cha sy, es fallt no dunkler alliwil / und schwärzer uf sie abe – d'Nacht isch lang; / 's cha sy, es zuckt e Streifli Morgeroth / scho an de Bergen uf – i weiß es nit. // Wie ischs so heimli do!« In Hebels eschatologischem Brief sind »Morgenröthe« und »Morgendämmerung« Joel 2,1f zufolge Sinnbilder für den anbrechenden lieben Jüngsten Tag, der Jes 60,19f und Apk 21,23 zufolge keine Unterscheidung zwischen Tag und Nacht mehr kennt, da »es nimmer nacht werden will«[13].

Ebenso ist in ›Der Wächter in der Mitternacht‹ das Morgenrot der Beginn des ewigen Himmelslichtes: »Du liebi Seel, was wirds e Fyrtig sy, / wenn mit der Zit die letzti Nacht versinkt, / wenn alli goldne Sterne groß und chlei, / und wenn der Mond und 's Morgeroth und d' Sunn / in Himmels-Liecht verrinnen.« Hinter dieser Formulierung steht die prophetische Ankündigung: ›Und wird alles Heer des Himmels verfaulen, und der Himmel wird zusammengerollt werden wie ein Buch, und all sein Heer wird verwelken, wie ein Blatt verwelkt am Weinstock und wie ein dürres Blatt am Feigenbaum‹ (Jes 34,4; vgl. Apk 6,13f). Ähnlich ist auch in Mt 24,29 die Verfinsterung von Sonne, Mond und Sternen Teil der Beschreibung des Weltendes (›werden Sonne und Mond den Schein verlieren, und die Sterne werden vom Himmel fallen‹). Zielpunkt aber dieses Chaos ist der ewige Tag nach Apk 21,23. Genau dieser ewige Tag ist auch in der ›Vergänglichkeit‹ im Blick, wenn es heißt: »Drüber chunnt der Tag; / o, bhütis Gott, me brucht ke Sunn derzu« (88f). Den Wächterruf der ›Vergänglichkeit‹ hat Hebel im ›Wächter‹ der Mutter in den Mund gelegt: »und d'Muetter rüeft de Chindlene: › 's isch Tag!‹« Von dieser endzeitlichen Aufhebung der Unterscheidung

---

[13] Ebd., S. 8. Hebel an Gustave Fecht 19. 2. 1792.

von Tag und Nacht spricht Hebel, Apk 21,23–25 paraphrasierend, auch in seinem bereits angeführten Brief an Gustave Fecht. »Dort [scil. im himmlischen Jerusalem; A. S.] soll gar kein Wölklein mehr am lasurenen Himmel bestehen können und soll keine Nacht da sein und keine Leuchte und doch auch kein Licht der Sonne, denn Gott der Herr soll sie erleuchten und regiren von Ewigkeit zu Ewigkeit.«[14]

Schon an dieser Stelle dürfte deutlich geworden sein, wie notwendig es ist, die ›Vergänglichkeit‹ im Kontext der sonstigen eschatologisch orientierten Gedichte und anderweitigen thematisch verwandten Äußerungen Hebels zu interpretieren, und wie wenig es hermeneutisch sinnvoll ist, dieses Gedicht zu isolieren.

Den Anbruch des Jüngsten Tages begleitet ein Glockengeläut, das die endzeitliche Betzeit einläutet: »d' Glocke schlagen a, / und lüte selber Bet-Zit wit und breit / und alles betet« (86–88). In seinem eschatologischen Brief spricht Hebel ebenfalls von diesem Glockengeläut, das die Menschen zum Gebet treibt: »Wie es dann an ein Bettglockläuten gehen wird […] nun werden sie da unten doch auch aus den Federn seyn und in ihrem Stark oder Schmolck den Morgensegen am iüngsten Tag, aufsuchen.« Hebel hat hier ein altes z. B. von Philipp Nicolai verwendetes Motiv[15] dichterisch variiert, demzufolge die Menschen am Ende der Zeit in die Gemeinschaft der Gott ewig lobenden Engel aufgenommen werden und teilnehmen am ewigen liturgischen Vollzug des Sanctus (Jes 6,3). So heißt

---

[14] Hebel, Briefe, S. 39. Hebel an Gustave Fecht 25. 12. 1795.
[15] Philipp Nicolai, FrewdenSpiegel deß ewigen Lebens. Das ist: Gründtliche Beschreibung deß herrlichen Wesens im ewigen Leben/ sampt allen desselbigen Eygenschafften vnd Zuständen/ auß Gottes Wort richtig vnd verständtlich eyngeführt […], Frankfurt a. M. 1599 (Reprint Soest 1963), z. B. S. 339: »Solche Englische Herrligkeit sihet vnd höret die außerwehlte Seel/ vnd freuwet sich der Königlichen Ehre/ der lieblichen Wollust/ vnd der seligen Gemeinschafft/ die sie da hat mit Cherubin vnd Seraphin/ mit den durchleuchtigen Heerscharen Gottes/ vnd mit allen himmlischen Thronen/ Fürstenthummen/ vnd Obrigkeiten: Einmühtiglich loben vnd preisen sie den ewigen allmächtigen Gott […].« In Nicolais Choral ›Herr Christ, tue mir verleihen‹ ist ähnlich vom gemeinsamen Lobgesang von Auferstandenen und Engeln die Rede: »Mit den Engeln gantz frölich // Wir singen werden Gott // Heylig/ heylig/ ist heylig // Der HERRE Zebaoth. // Ein neuwes Frewden Liedt: // Glori/ Lob/ Ehr vnd Weißheit // Krafft/ Reichthumb/ Heyl vnd Klarheit // Sey Gott in Ewigkeit« (ebd., S. 420).

es vergleichbar in ›Auf einem Grabe‹[16]: »Und wenn emol der Sunntig tagt, / und d' Engel singe 's Morgelied, / se stöhn mer mit enander uf, / erquickt und gsund. // Und 's stoht e neui Chilche do, / hell funklet sie im Morgeroth. / Mer göhn, und singen am Altar / 's Hallelujah!«

Die endzeitliche Heimat bedeutet auch insofern die Vollendung der irdischen, als im neuen Jerusalem die Auferstandenen mit ihren Verwandten und Angehörigen wiedervereinigt sein werden, die ihnen auf Erden durch den Tod entrissen worden sind. Dieses trostvolle Motiv ist ebenfalls ein festgeprägter Topos in der Erbauungsliteratur[17], den Hebel nun mit den Worten sich aneignet: »und findsch der Ätti dört, wenn's Gottswill isch, / und 's Chüngi selig, d' Mutter« (105f). Sicherlich berechtigt ist es, an dieser Stelle Hebels eigene Hoffnung auf das Wiedersehen mit seiner Mutter artikuliert zu sehen, die, auf einem Ochsenkarren liegend, zwischen Brombach und Steinen am 16. 10. 1773 im Beisein ihres dreizehnjährigen Sohnes gestorben ist. Auch mag man in der Gestalt der Kunigunde Hebels früh verstorbene Schwester Susanna und im Ätti Hebels 14 Monate nach seiner Geburt gestorbenen Vater repräsentiert sehen.[18] Aber diese historisierende, biographische Interpretation erfaßt noch nicht die ganze Schärfe der poetisch gebrochenen eschatologischen Sehnsucht Hebels nach dem Jüngsten Tag, innerhalb deren der Ausblick auf die erneute Zusammenführung der Familie nur ein Teilsapekt ist.

Angesichts der Betrachtung des zerfallenen und überwucherten Basel tut der Ätti sein Bedauern kund: »'s isch schad derfür!« (54). Dieselbe Wendung wiederholt sich in den Worten, die der an Basel

---

[16] Vgl. Sophie Reinhards Radierung zu diesem Gedicht, jetzt in: Sophie Reinhard, Zehn Blätter zu Hebels Alemannischen Gedichten. Mit Zugabe der Texte hg. von Adrian Braunbehrens, Heidelberg 1996, S. 42.
[17] Vgl. Nicolai, a. a. O. (wie Anm. 15), S. 364, wo zu lesen ist, »daß eines rechtgläubigen Christen Seele komme zu jhren Freunden/ Vatter/ Mutter/ Brüdern/ Schwestern/ Verwandten vnd Bekannten/ welche im Glauben vnd seligem Vertrauwen auff Christus Blut sind vorhin gezogen/ vnd durch den Todt zum himmlischen Vatterlandt hineyn gedrungen/ Da kompt ein sterbender Bruder/ oder ein sterbende Schwester auß diesem Jammerthal zu jnen/ vnd wirdt zu jhnen versammelt/ so bald der Todt fürvber ist/ vnd hat jhre ewige Gemeinschafft mit jhnen«. Das Motiv der Wiederbegegnung mit den Verwandten nach der Auferstehung ist also nichts für das 18. Jh. typisches, wie Pietzcker, a. a. O. (wie Anm. 1), S. 139 meint.
[18] Vgl. Gauger 1994, a. a. O. (wie Anm. 1), S. 106f.

vorübergehende Wandersmann zu seinem Kameraden spricht:»'s isch schad derfür!« (74). Am Ende des Gedichtes rückt der Sohn in das Blickfeld, der als in die ewige Heimat Eingegangener ebenfalls zu einem Kameraden, auf die vergangene irdische Heimat und die alltägliche Arbeit rückblickend, sagt:»Lueg, dört isch d'Erde gsi, und selle Berg / het Belche gheiße!« (116f). Der entscheidende Unterschied aber bestcht darin, daß es nun heißt:»und möcht iez nümme hi« (122)[19]. Die Sehnsucht nach der ewigen Heimat im Himmel weiß darum, daß sie ein mitunter schmerzvolles Abschiednehmen von der irdischen Heimat zu bewältigen hat. Hebels Gedicht ist daher ein Beitrag zur Einübung in diese endzeitliche Sehnsucht und ein wichtiges Teilstück der Eingewöhnung in die neue Heimat.

So wie in der ›Vergänglichkeit‹ die Ruine des Rötteler Schlosses zum Anlaß für eine poetisch-narrative Entfaltung biblischer Eschatologie und Apokalyptik unter besonders starker Berücksichtigung der annihilatio mundi-Thematik wird, so ist im ›Wächter‹ der mitternächtliche Glockenschlag Anlaß für die poetische Predigt des Artikels von der Totenauferstehung und desjenigen vom ewigen Leben. Beide Gedichte mit ihren jeweiligen thematischen Schwerpunkten ergänzen einander und sollten im Kontext miteinander gelesen werden. Dem Wächter wird es,»as wenni's Heimweh hätt, weiß nit – noo was«, wobei dieses Heimweh dasjenige nach der ewigen Heimat ist. In der Schwärze und Finsternis der Nacht erkennt der Wächter hoffnungsvoll und mit den Augen des Glaubens im schwach scheinenden Licht der Sterne die Verheißung des ewigen Lichtes am Ende der Tage.»Und ischs so schwarz und finster do, / se schine d' Sternli no so froh: / und us der Heimeth chunnt der Schi'; / 's muß lieblig in der Heimeth sy!« Heimweh ist bei Hebel zu allererst eine eschatologisch-theologische Kategorie. Die vier, jeweils durch die Wendung»Loset, was i euch will sage!« eingeleiteten Strophen sind zu verstehen als Rufe, die der Nachtwächter in die Stille der Nacht hineinruft, um dem in Jes 62,6f gegebenen Verkündigungsauftrag der Wächter nachzukommen, die auch nachts die Ehre Gottes verkündigen und nicht schweigen sollen. Diese Passagen der öffentlichen Wortverkündigung, die jeweils auch durch ein differierendes

---

[19] Vgl. Nicolai, a. a. O. (wie Anm. 15), S. 340:»Die Außerwehlten Seelen im Himmel/ begeren dieses jrrdischen Lebens nicht wider.«

Versmaß gekennzeichnet sind, sind zu unterscheiden von den sonstigen eher meditativen Passagen, die der Wächter für sich behält und in deren Inhalt der Leser durch die Vermittlung des Poeten Einblick erhält.

Die offene Friedhofstür läßt den Wächter vermuten, die Toten seien bereits auferstanden, um sich im Dorf umzusehen, und der Zwölfuhrschlag habe die Toten vielleicht bereits aus ihren Gräbern herausgerufen.»Es isch mer d' Thür seig off, / as wenn die Todten in der Mitternacht / us ihre Gräbere giengen, und im Dorf / e wenig luegten, öb no alles isch / wie almig […] und weißi denn, / isch au scho ihri Mitternacht verbey?« Das ist keine schwarze Magie, geschweige denn eine Hebelsche Form von Totenbeschwörung, sondern Ausdruck der lebendigen Hoffnung auf die endzeitliche Totenauferstehung, die in einer offenstehenden Friedhofstür bereits die geöffneten Gräber abgebildet sieht und im Zwölfuhrschlag schon den letztgültigen Wächterruf des Jüngsten Tages mitschwingen hört. Es ist dies die Hoffnung, die auch schon während der Kreuzigung Jesu die Gräber sich öffnen sieht: ›Und die Gräber taten sich auf, und standen auf viele Leiber der Heiligen, die da schliefen und gingen aus den Gräbern nach ihrer Auferstehung und kamen in die heilige Stadt und erschienen vielen‹ (Mt 27,52f).

Die Betrachtung des Friedhofs und der Gräber ist »heimli«, denn sie vermittelt Sehnsucht nach der ewigen Heimat, ist gleichzeitig aber auch »e bizli schuderig«. Die Heimat gewinnt bereits im Glauben Gestalt, der den Tod als einen Schlaf ansieht (vgl. Joh 11,11f) und daher von den Toten sagt: »Sie schlofe wohl!« Schaurig ist die meditatio mortis auf dem Friedhof aber deswegen, weil der Glaube sich noch gegen den Augenschein und gegen die nächtliche Finsternis behaupten muß, sich noch adversativ formulierend erinnern muß: »doch isch nit alles tod.« Die Unruhe der Kirchturmuhr, »'s Unrueih in der Chilche«, erinnert daran, daß in der Ruhe der Gräber »der Pulz der Zit« pocht, der dafür sorgt, daß der »tiefe Schlof« der Toten wirklich Schlaf, und d. h.: zeitlich begrenzt ist. Der Tod als Schlaf ist dem Glaubenden nur die letzte Übernachtung (»doch wer emol / si Bett im Chilchhof het, Gottlob er isch / zum lezte mol do niden übernacht«) und sub contrario Prolepse der Auferstehung: »und wenn es taget, und mer wachen uf / un chömmen use, hemmer nümme wiit, / e Stündli öbben, oder nitemol.« Ein bereits ausgehobenes Grab, das vom Mond- und Sternenlicht beschienen wird – Hebel sieht in diesem Licht wiederum das »us der Heimeth« kommende –, bildet proleptisch den »Glast« des Jüngsten Tages ab, der »bis in die tiefe Gräber abe dringt« und die Toten »usem Schlof« erweckt: »Die Todte luegen use iung und schön«, wobei Hebel kurz danach leicht abändernd im Sinne einer Ergänzung sagt: »Si luegen use gsund und schön.« Hier liegt ein weitverbreiteter Topos vor, demzufolge die Auferstandenen nicht nur von keiner Krankheit affiziert sein, sondern auch als in die Verherrlichung (glorificatio) eingegangene in jugendlicher Schönheit aus den Gräbern hervorgehen werden. Das ist das Ergebnis der zweiten Meditation des Wächters, mit dem er sich nun wieder als verkündigender Wächter Gottes der Öffentlichkeit zuwendet und predigt, indem er Reminiszenzen an Joh 16,16 (›Über ein kleines, so werdet ihr mich nicht sehen; und aber über ein kleines, so werdet ihr mich sehen‹) wach werden läßt: »Loset, was i euch will sage! / D' Glocke het zwölfi gschlage. // Und d'Sternli schine no so froh, / und us der Heimeth schimmerts so; / und 's isch no um e chleini Zit, / Vom Chilchhof seigs gwiß nümme wiit.«

Hat Hebel zuerst den Friedhof mit einer Ruhestätte Schlafender verglichen, so vergleicht er nun umgekehrt das schlafende Dorf mit dem Kirchhof, um die glaubende Bezeichnung des Todes als Schlaf nun durch diese Inversion der Vergleichsebenen zu verstärken. »Isch nit 's ganz Dörfli in der Mitternacht / e stille Chilchhof?« Nachts schlafen die Lebenden wie die Toten gleichermaßen, ruhen sich aus von der alltäglichen Mühe, von Freud und Leid, und sind in Gottes Hand (Sap 3,1) – nur mit dem Unterschied, daß die Gestorbenen eben ihre letzte Nacht verbringen, während die Lebenden noch mehrere Nächte bis zum Jüngsten Tag zu verbringen haben. »Schloft nit alles do, / wie dört vom lange müede Wachen us, / vo Freud und Leid, und lit in Gottis Hand.«

Hebels Kunst auch in diesem Gedicht besteht darin, wie er das noch Ausstehende im poetisch-biblischen Ringen nach sprachlichen Ausdrucksmöglichkeiten gleichnis- und zeichenhaft bereits realpräsent werden läßt. Diese Hermeneutik der Analogie des Glaubens aber setzt gleichzeitig die Notwendigkeit aus sich heraus, die nach 2Kor 5,7 bis zum Jüngsten Tag noch bleibende Differenz zwischen Glauben und Schauen hervorzuheben, die darin besteht, daß der

Jüngste Tag im Glauben zwar bereits ergriffen wird, es aber Gottes freie Entscheidung bleibt, zu entscheiden, wann er die endgültige Offenbarwerdung desselben heraufführen wird. Die Vergegenwärtigung des Zukünftigen im Glauben und die Dehnung der Zeit bzw. das Verziehen des Jüngsten Tages (vgl. Mt 25,5) gehören dialektisch aufeinander bezogen zusammen. »Loset, was i euch will sage! / D' Glocke het zwölfi gschlage. // Und d'Liechtli brennen alli no; / der Tag will iemerst no nit cho. / Doch Gott im Himmel lebt und wacht, / er hört wohl, wenn es Vieri schlacht!«

Insbesondere Hebels Apokalyptik ist im theologiegeschichtlichen Kontext der Aufklärung etwas Besonderes und die Verquickung apokalyptisch-biblischer Sprache mit der Mundart etwas Einzigartiges. Die konsequenten Aufklärungstheologen waren geneigt, die apokalyptischen Texte der Bibel als geistesgeschichtlich vergangene und für eine vernünftige Theologie nicht weiter brauchbare ›sinnliche Vorstellungen‹ auszuscheiden[20], und verloren damit eine wichtige Artikulationsform der Hoffnung. Hebel indes versucht, den Metaphern- und Bilderreichtum sowie die ungeheure Sprachkraft der biblischen Apokalyptik poetisch neu fruchtbar zu machen. Hebel bedient sich dazu nicht einer aufklärerischen und vernünftig deduzierenden, begrifflichen, sondern der poetischen Sprache. Als Kosmopolit der Heimat des neuen Jerusalem wählt er die Sprache, die im Territorium seiner irdischen Heimat gesprochen wird: Das Alemannische. Hierin besteht die Aufklärung im höheren Sinne[21], die gleichzeitig die Heimatdichtung zu ihrem höchsten nur denkbaren Ziel gelangen läßt.

---

[20] Vgl. J. A. Steiger, Bibel-Sprache, Welt und Jüngster Tag bei Johann Peter Hebel. Erziehung zum Glauben zwischen Überlieferung und Aufklärung (= Arbeiten zur Pastoraltheologie 25), Göttingen 1994, S. 177-194.
[21] Vgl. hierzu ebd., S. 135-138 u. ö. Guido Bee (Aufklärung und narrative Form. Studien zu den Kalendertexten Johann Peter Hebels [= Internationale Hochschulschriften 252], Münster u. a. 1997), für den es offenbar in ziemlich undialektischer Weise neben ›Aufklärung‹ nur noch ›Überwindung‹ derselben zu geben scheint, mißversteht meine Hebel-Interpretationen nicht nur gründlich, sondern komplett, wenn er – seinen eigenen Blickwinkel in einer den Sachfragen wenig zuträglichen Weise profilierend – mich unter diejenigen einreiht, die Hebel einen »Überwinder der Aufklärung« (ebd., S. 34; vgl. S. 35ff u. ö.) genannt haben sollen.

III

Hebel und die Juden

1. Der historische Kontext der Judenemanzipation

Im Jahre 1782 verhalf Joseph II. durch sein Toleranzedikt den österreichischen Juden zur Gleichberechtigung und wurde dadurch zum Vorreiter einer neuen, progressiven Judenpolitik. Hierdurch angeregt, forderte Markgraf Karl Friedrich von Baden dazu auf, Gutachten darüber zu verfassen, »ob und wie weit dasjenige, was in einer neuen Österreichischen Verordnung und in deren Nachtrag wegen der Juden verordnet worden, in hiesigen Landen mit Nutzen zu appliciren und wieferne die Juden zu Erlernung der Handwerker anzuweisen thunlich und räthlich seie, auch wie derselben Nahrungsstand ohne Nachtheil derer übrigen Unterthanen verbessert werden könne«[1]. Zu denjenigen, die die emanzipatorische Judenpolitik in Baden entscheidend vorangetrieben haben, gehört neben Johann Nikolaus Friedrich Brauer der badische Hofrat Philipp Holzmann, der zusammen mit seinem Bruder Johann Michael »Ueber das rechtliche Verhältnis der Juden im Badischen«[2] berichtete. Mit dieser juristischen Bestandsaufnahme wurde eine rechtliche Besserstellung der Juden vorbereitet.

Am 14. 3. 1807 wurde mit dem 1. Konstitutionsedikt in Baden die bürgerliche Gleichstellung der Juden und die Religionsfreiheit erlassen. Im ersten Paragraphen heißt es: »Jeder Mensch was Glaubens er sey, kann Staatsbürgerrecht genießen, so lang er keine Grundsätze bekennt oder übt, die der Unterwürfigkeit unter den Regenten[,] der Verträglichkeit mit andern Staatsbürgern, der öffentlichen Erziehung, oder den guten Sitten Abbruch thun.«[3] Das 6. Konstitutions-

---

[1] Zit. nach Reinhard Rürup, Emanzipation und Antisemitismus. Studien zur ›Judenfrage‹ (= Kritische Studien zur Geschichtswissenschaft 15), Göttingen 1975, S. 40. Zur Geschichte der Judenemanzipation vgl. die Standardwerke zur Geschichte des Judentums: Simon Dubnow, Weltgeschichte des jüdischen Volkes. Von seinen Uranfängen bis zur Gegenwart, Bde. 8 und 9, Berlin ²1928 (1920–1923); Heinrich Graetz, Geschichte der Juden von den ältesten Zeiten bis auf die Gegenwart, Bd. 11, Leipzig ²1900 (1870); Friedrich Battenberg, Das europäische Zeitalter der Juden, Darmstadt 1990 (Lit.!); Leon Poliakov, Geschichte des Antisemitismus, Bd. 5: Die Aufklärung und ihre judenfeindliche Tendenz, Worms 1983.
[2] Magazin von und für Baden. Erster Band, Karlsruhe 1802 (UB Heidelberg B 5131), S. 72–104.
[3] ConstitutionsEdict(e), Erstes-Siebentes, Karlsruhe 1807–1809 (PTS Heidelberg KR I f 12), Nr. 1, S. 4.

edikt vom 14. 6. 1808 jedoch brachte insofern eine Einschränkung, als es die endgültige Gleichberechtigung der Juden an vorher zu erfüllende Bedingungen knüpfte[4], etwa an die Integration der Juden in die ihnen zuvor verschlossenen Berufsfelder der Handwerke und der Landwirtschaft. »Zwar sollen sie [scil. die Juden; A. S.] noch zur Zeit, und so lange sie nicht eine, zu gleicher NahrungsArt und Arbeitsfähigkeit mit den christlichen Einwohnern hinreichende Bildung im allgemeinen angenommen haben, und so lange nicht daraufhin etwas Anderes durch die StaatsGeseze verordnet wird, an keinem Ort zur Wohnung zugelassen werden, wo bis hieher noch keine waren, ohne Einwilligung der Ortsgemeinde und besondere Erlaubnis der Regenten, auch da wo sie bisher waren, sollen sie im allgemeinen noch nicht als Gemeindsbürger, sondern nur gleich anderen, zum Ortsbürgerrecht nicht geeigneten Christen, als Schuzbürger anerkannt werden, jedoch bleibt Uns vorbehalten, jeden, welcher wegen den BürgerrechtsErfordernißen überhaupt und insbesondere wegen einer mit den Christen gleichförmigen NahrungsArt, sich ausweiset, gleich jetzo allda mit dem OrtsBürgerrecht zu begnadigen.«[5] Das Edikt vom 13. 1. 1809 unterstrich die Forderung nach moralischer Veredelung der Juden als Qualifikation für den Genuß der vollen Bürgerrechte noch einmal.[6]

Auch das »Edikt, betreffend die bürgerlichen Verhältnisse der Juden in dem Preußischen Staate. Vom 11. März 1812«[7] hatte zwar

---

[4] Zutreffend ist, daß »die grundsätzlich ausgesprochene Gleichbehandlung [scil. der Juden; A. S.] [...] vielfach durch hemmende Sonderbestimmungen aufgehoben« wurde (Berthold Rosenthal, Heimatgeschichte der badischen Juden seit ihrem geschichtlichen Auftreten bis zur Gegenwart, Bühl 1927, S. 246). Vgl. zum Ganzen auch: Jakob Katz, Die Entstehung der Judenassimilation in Deutschland und deren Ideologie, in: Ders., Zur Assimilation und Emanzipation der Juden. Ausgewählte Schriften, Darmstadt 1982, S. 1-82.
[5] ConstitutionsEdict(e), a. a. O. (wie Anm. 3), Nr. 6, S. 48f.
[6] »Diese Rechtsgleichheit kann jedoch nur alsdann in ihre volle Wirkung treten, wenn sie [scil. die Juden; A. S.] in politischer und sittlicher Bildung ihnen [scil. den Christen; A. S.] gleichzukommen allgemein bemüht sind« (Jeremias Heinemann, Sammlung der die religiöse und bürgerliche Verfassung der Juden in den Königl. Preuß. Staaten betreffenden Gesetze, Verordnungen, Gutachten, Berichte und Erkenntnisse. Mit einem Anhange, welcher die Gesetze fremder Staaten enthält, Glogau ²1831 [Reprint Hildesheim 1976], S. 476).
[7] Die Aktenstücke die preußische Judenemanzipation betreffend sind gesammelt bei: Heinemann, a. a. O. (wie Anm. 6). Das genannte Edikt findet sich S. 1-5. Zur Geschichte und Entstehung dieses Ediktes vgl. die minutiöse Arbeit von Ismar Freund, Die Emanzipation der Juden in Preußen unter besonderer Berücksichtigung des Ge-

dem liberalen Geist seines Mitverfassers Karl August von Hardenberg gemäß festgesetzt, daß die Juden »gleiche bürgerliche Rechte und Freiheiten mit den Christen genießen« und daß sie »akademische Lehr= und Schul= auch Gemeinde= Aemter, zu welchen sie sich geschickt gemacht haben, verwalten«[8] dürfen. Dennoch nahm das Edikt die bereits von von Dohm[9] in seinem für die Judenemanzipation epochalen Werk »Ueber die bürgerliche Verbesserung der Juden«[10] geforderte Einschränkung in seinen Text auf, daß Juden zu höheren Staatsämtern zunächst nicht zugelassen werden sollten. Daher wurde ein diesbezüglicher Vorbehalt formuliert: »In wie fern die Juden zu andern öffentlichen Bedienungen und Staats= Aemtern zugelassen werden können, behalten Wir Uns vor, in der Folge der Zeit, gesetzlich zu bestimmen.«[11] Zu beachten bleibt obendrein, daß die bürgerliche Verbesserung nur den »in Unsern Staaten jezt wohnhaften, mit General= Privilegien, Naturalisations= Patenten, Schutzbriefen und Konzessionen versehenen Juden«[12] zugute kam.[13]

Zwar waren durch diese und ähnliche Bestimmungen in anderen Ländern viele Juden nun nicht mehr »Schutzjuden«[14], sondern Bürger geworden. Dennoch ist im allgemeinen die Tendenz zu beobachten, daß die betreffenden Edikte durch Vorbehalte und v. a. durch eine Flut von Ausführungsbestimmungen teilweise wieder zurück-

---

setzes vom 11. März 1811, 2 Bde., Berlin 1912, die im zweiten Band eine Fülle von Quellenmaterial bietet.
[8] Heinemann, a. a. O. (wie Anm. 6), S. 2.
[9] Zur Bedeutung von Dohms innerhalb der Geschichte der Emanzipation vgl. neben den Standardwerken: Rürup, a. a. O. (wie Anm. 1), sowie Jacob Katz, Aus dem Ghetto in die bürgerliche Gesellschaft. Jüdische Emanzipation 1770-1870, Frankfurt a. M. 1986 (engl.: 1973) und Harm-Hinrich Brandt, Vom aufgeklärten Absolutismus bis zur Reichsgründung: Der mühsame Weg der Emanzipation, in: Karlheinz Müller und Klaus Wittstadt (Hgg.), Geschichte und Kultur des Judentums, Würzburg 1988, S. 175-200.
[10] Christian Wilhelm von Dohm, Ueber die bürgerliche Verbesserung der Juden, 2 Bde., Berlin/Stettin 1781/1783 (Reprint Hildesheim/New York 1973). Vgl. darin wieder abgedruckt: Franz Reuß, Christian Wilhelm Dohms Schrift ›Über die bürgerliche Verbesserung der Juden‹ und deren Einwirkung auf die gebildeten Stände Deutschlands. Eine kultur- und literaturgeschichtliche Studie, Kaiserslautern 1891.
[11] Heinemann, a. a. O. (wie Anm. 6), S. 2.
[12] Ebd., S. 1.
[13] Vgl. Julius H. Schoeps, Aufklärung, Judentum und Emanzipation, in: Judentum im Zeitalter der Aufklärung (= Wolfenbütteler Studien zur Aufklärung 4), Wolfenbüttel/Bremen 1977, S. 75-102.
[14] Vgl. Friedrich Battenberg, Art. Schutzjuden, in: Handbuch der Rechtsgeschichte, Bd. 4, Sp. 1535-1541.

genommen wurden. Insgesamt herrschte die Meinung, den Juden könne die völlige Gleichberechtigung nur Stück für Stück zuwachsen, da sie diese erst noch durch ihre moralisch-sittliche Verbesserung zu erwerben hätten. In den meisten Ländern wurde die Forderung erhoben, »die Juden hätten sich zu Ehre und Sittlichkeit emporzuläutern, wenn sie als vollwertige Staatsbürger anerkannt werden wollten«[15].

Eine weitere Schwierigkeit bestand darin, daß man zwar bestrebt war, das Grund- und Menschenrecht der Religionsfreiheit zum Durchbruch zu bringen, daß aber die meisten Befürworter dieser aufgeklärten Position teils insgeheim, teils recht offen ihre Überzeugung äußerten, daß die bürgerliche Gleichstellung der Juden über kurz oder lang auch ihre Eingliederung in das Christentum zur Folge haben werde. Besonders von Dohm, aber auch andere, waren der Meinung, daß die Juden nur solange Anlaß haben konnten, an ihren dunklen und unvernünftig-archaischen Zeremonien, Schriften und Bräuchen festzuhalten, als sie durch äußeren Druck dazu genötigt werden. Übersehen werden darf jedoch auch nicht, daß selbst jüdische Vorkämpfer der Emanzipation wie Moses Mendelssohn und David Friedländer von einer gewissen »Accommodationsfähigkeit der Juden an den christlichen Staat«[16] überzeugt waren, wenn sie auch einen völligen Bruch mit ihrer jüdischen Tradition für in keiner Weise wünschenswert hielten. Wenn Johann Kaspar Lavater sich öffentlich an Moses Mendelssohn wendet, um ihn zur Konversion zum Christentum aufzufordern, so läßt Lavater hier im Grunde nur das laut werden[17], was die meisten in der Judenemanzipation tätig gewordenen Christen zumindest insgeheim dachten: Daß nämlich der Weg aus dem Ghetto die Juden irgendwann auch konsequenterweise an den Taufstein führen würde, und daß die Eman-

---

[15] Schoeps, a. a. O. (wie Anm. 13), S. 93. Vgl. J. Katz, Die Entstehung, a. a. O. (wie Anm. 4).
[16] Vgl. Reuß, a. a. O. (wie Anm. 10), S. 39.
[17] Vgl. zu diesem Vorgang: Moses Mendelssohn, Schreiben an den Herrn Diaconus Lavater zu Zürich, Berlin/Stettin 1770 (HAB Te 830). Hier reagiert Mendelssohn auf die Aufforderung Lavaters, sich angesichts des bevorstehenden tausendjährigen Reiches taufen zu lassen. Lavaters Reaktion ist seinem Büchlein ›Antwort an den Herrn Moses Mendelssohn zu Berlin‹ zu entnehmen. Vgl. auch Michael Albrecht, Moses Mendelssohn 1729–1786. Das Leben eines jüdischen Denkers der deutschen Aufklärung. Ausstellungskataloge der Herzog August Bibliothek Nr. 51, Wolfenbüttel 1986, S. 102–111.

zipation letztenendes in die Verschmelzung des Judentums mit dem Christentum münden würde.[18] Bei allen Unterschieden zwischen den Vertretern der aufgeklärt-emanzipatorischen Judenpolitik und den nach den Befreiungskriegen auftretenden Reaktionären wie Friedrich Rühs und Jakob Friedrich Fries[19] muß festgehalten werden, daß zumindest in diesem Punkt eine gewisse Affinität zwischen beiden Lagern bestand.

Im Kampf gegen die napoleonische Fremdherrschaft erwachte das deutsche Nationalbewußtsein, das mit einem Mal Front machte gegen alles Französische nicht nur, sondern überhaupt gegen alles Fremde. Da Napoleon für eine konsequente Emanzipation der Juden im Königreich Westfalen, das er selbst geschaffen hatte, und z. B. auch in Frankfurt a. M. gesorgt hatte, mußte nun im Jahre 1814 nach den Befreiungskriegen die gesamte Begünstigung der Juden als französisch-verwerflich und deren Abschaffung als ein urdeutsches Unterfangen gelten. Im Gegenzug zu der der christlichen Religion nicht gerade wohl gesonnenen französischen Revolution entstand nun mitunter das Ideal des monarchisch verfaßten, christlich durchdrungenen Staates der Koalition von Thron und Altar, der nur den Christen, nicht aber den Juden Vorteile und Rechtsschutz zu bieten habe.[20]

Als eine unvermeidliche Konsequenz des Sieges über die französische Fremdherrschaft mußte daher der erfolgreiche Kampf gegen den noch gebliebenen französischen ›Ungeist‹ der Judenemanzipation erscheinen. Programmatisch, aber gut getarnt gewann dieser antijudaistische Geist Gestalt in der auf dem Wiener Kongreß ausgearbeiteten Bundesakte. Gut getarnt war er insofern, als er sich in der Abänderung nur einer Partikel verbarg. Zunächst wurde folgende Formel vorgeschlagen:»Die Bundesversammlung wird in Berathung ziehen, wie auf eine möglichst übereinstimmende Weise die bürgerliche Verbesserung der Bekenner des jüdischen Glaubens in

---

[18] Vgl. Karl Heinrich Rengstorf, Judentum im Zeitalter der Aufklärung. Geschichtliche Voraussetzungen und einige zentrale Probleme, in: Judentum im Zeitalter der Aufklärung (= Wolfenbütteler Studien zur Aufklärung 4), Wolfenbüttel/Bremen 1977, S. 11–37, hier: S. 28f.
[19] Vgl. J. A. Steiger, Johann Ludwig Ewald (1748–1822). Rettung eines theologischen Zeitgenossen (= Forschungen zur Kirchen- und Dogmengeschichte 62), Göttingen 1996, S. 319ff.
[20] Vgl. Dubnow, a. a. O. (wie Anm. 1), Bd. 9, S. 11ff.

Deutschland zu bewirken sey, und wie insonderheit denselben der Genuß der bürgerlichen Rechte, gegen die Übernahme aller Bürgerpflichten in den Bundesstaaten werde gesichert werden können; jedoch werden den Bekennern dieses Glaubens bis dahin, die denselben in den einzelnen Bundesstaaten eingeräumten Rechte erhalten.«[21] Schon dieses Ergebnis wäre für die Juden enttäuschend gewesen, die dem Wiener Kongreß hohe Erwartungen entgegengebracht hatten. Im Grunde wurde die ganze Frage zur Regelung durch die Bundesversammlung nach Frankfurt am Main überwiesen. Dabei bestand der einzige hoffnungsvolle Trost darin, daß die Juden sicher sein konnten, daß der nicht zuletzt auch durch Napoleon erreichte Status quo erhalten bleiben sollte, bis die Bundesversammlung die gesamte Frage neu aufgreifen würde. Aber es kam anders. Denn die endgültige Fassung des Artikels 16 der Bundesakte sprach nicht mehr von einer Zusicherung der den Juden »in den einzelnen Bundesstaaten«[22], sondern lediglich von der Garantie der den Juden »von den einzelnen Bundesstaaten bereits eingeräumten Rechten«[23]. »Dadurch gewann man die Möglichkeit, den Artikel in dem Sinne auszulegen, daß den Juden ausschließlich die ihnen ›von‹ den einzelnen Bundesstaaten, d. h. von deren legitimen Herrschern, eingeräumten Rechte gewährleistet seien, nicht aber diejenigen, die sie ›in‹ dem einen oder anderen Staat einer provisorischen oder gar fremden Regierung zu verdanken hatten.«[24] Auf diese Weise waren nur noch die oben genannten Edikte Badens und Preußens eine den Juden zugesicherte Rechtsgrundlage.

---

[21] Zit. nach Salo Baron, Die Judenfrage auf dem Wiener Kongreß. Auf Grund von zum Teil ungedruckten Quellen, Wien/Berlin 1920, S. 164.
[22] Ebd.
[23] Ebd., S. 170.
[24] Dubnow, a. a. O. (wie Anm. 1), Bd. 9, S. 15.

2. Hebels originärer Beitrag zur Judenemanzipation

Hebel[25] hat die fortschrittliche Judenemanzipation in Baden auf seine Weise befördert: er ließ im Kalender des Jahres 1808 einen Bericht mit dem Titel »Der große Sanhedrin zu Paris«[26] abdrucken. Volksaufklärerisches Ziel Hebels war es dabei gewiß, bei seiner Leserschaft um Verständnis für die ›bürgerliche Verbesserung‹ der Juden zu werben und die in Gang gekommenen Neuerungen in Baden mit publizistischen Mitteln zu flankieren. Nachdem die französischen Juden »schon in der Revolution [...] das französische Bürgerrecht«[27] erhalten hatten, – berichtet Hebel – rief Napoleon im Jahre 1806 eine Versammlung von »verständige[n] und gelehrte[n]« Juden zusammen, mit der er alle noch zu klärenden rechtlichen Fragen einvernehmlich lösen wollte. Den Bericht über die Ergebnisse dieser Verhandlung leitet Hebel mit den Worten ein: »Daß die Juden seit der Zerstörung Jerusalems, das heißt, seit mehr als 1700 Jahren, ohne Vaterland und ohne Bürgerrecht auf der ganzen Erde in der Zerstreuung leben, daß die meisten von ihnen, ohne selber etwas Nützliches zu arbeiten, sich von den arbeitenden Einwohnern eines Landes nähren, daß sie daher auch an vielen Orten als Fremdlinge verachtet, mißhandelt und verfolgt werden, ist Gott bekannt und leid.«[28] Schon hier äußert sich Hebels Sympathie für das jüdische Volk als das Gottesvolk des alten Bundes. Denn Hebel argumentiert auffälliger Weise nicht zunächst allgemein natur- und menschenrechtlich, nennt also nicht an erster Stelle das seiner Zeit weitver-

---

[25] Zum Thema Hebel und die Juden vgl. Klaus Oettinger, Der Pyrrhussieg des Mauschel Abraham. Über Lachen und Lehren in den Kalenderschwänken, in: Ders., Ulm ist überall. Essays und Vorträge zu Johann Peter Hebel (= Konstanzer Bibliothek 14), Konstanz 1990, S. 89–97; ders., Wollen wir sie verdammen? Über Johann Peter Hebel und die Juden, in: ebd., S. 99–108. An Oettingers Sicht der Dinge hat fundierte Kritik geübt: Joachim W. Storck, Johann Peter Hebel und die Juden, in: Badische Landesbibliothek (Hg.), Johann Peter Hebel. Eine Wiederbegegnung zu seinem 225. Geburtstag, Ausstellungskatalog, Karlsruhe 1985, S. 137–157. Sie muß hier nicht wiederholt werden.
[26] Johann Peter Hebel, Sämtliche Schriften. Kritisch hg. von Adrian Braunbehrens, Gustav Adolf Benrath, Peter Pfaff, Bde. II/III, Karlsruhe 1990 (zit.: Hebel II bzw. III), Bd. V, Karlsruhe 1991 (zit.: Hebel V), hier: Hebel II, S. 94–98.
[27] Ebd., S. 95.
[28] Ebd., S. 94f.

breitete Hauptargument, den Juden sei die bürgerliche Gleichberechtigung zu gewähren, weil sie Menschen seien wie alle anderen. Vielmehr sieht Hebel die Juden zunächst aus dem Blickwinkel Gottes und beschreibt die Situation, das Leid, die Unterdrückung und die Verfolgung der Juden. Die Misere der Juden ist dem einen Gott der Juden und Christen »bekannt und leid«.

Hebel vertritt offenbar die Ansicht vieler seiner Zeitgenossen – etwa von Dohms und Diez' –, das beste sei, pädagogische Maßnahmen zu ergreifen, um die Juden zu arbeitsamen, fleißigen und nützlichen Bürgern zu erziehen und so die Integration der Juden in die bürgerliche Gesellschaft zu erleichtern. »Mancher sagt […] im Unverstand: Man sollte sie alle aus dem Lande jagen. Ein Anderer sagt im Verstand: Man sollte arbeitsame und nützliche Menschen aus ihnen machen, und sie alsdann behalten.«[29] Die Aufhebung der seit alters her bestehenden repressiven Berufsbeschränkungen und die Erlaubnis, als Jude Handwerk und Ackerbau ausüben zu dürfen, spielen in diesem Kontext eine bedeutende Rolle.[30] An keiner Stelle jedoch vertritt Hebel die Meinung, die in Form von reglementierenden Ausführungsbestimmungen der Edikte zur Judenemanzipation bald realpolitische Relevanz bekommen sollte: die Meinung nämlich, die volle Gleichberechtigung und z. B. die Anstellung im Staatsdienst seien den Juden so lange vorzuenthalten, bis sie dieselbe moralische ›Qualität‹ wie die nichtjüdischen Bürger erreicht hätten. Vorbildfunktion jedenfalls für den Umgang mit den Juden auch in Baden und gewissermaßen den Rang eines Mottos der Hebelschen Sicht der Juden hat der von Hebel geäußerte Satz, der den friedfertigen Geist der französischen Bemühungen um die Emanzipation der Juden beschreibt: »es sey die Rede nicht vom Fortschicken, sondern vom Dableiben.«[31]

Hebels grundsätzlichste und ausführlichste philosemitische Äußerung ist das »Sendschreiben an den Sekretär der theologischen Gesellschaft zu Lörrach, (die wenig bekannt ist) über das Studium des

---

[29] Ebd., S. 95.
[30] Ebd., S. 97: »Der große Sanhedrin befiehlt allen Israeliten, der Jugend Liebe zur Arbeit einzuflößen, sie zu nützlichen Künsten und Handwerken anzuhalten, und ermahnt sie, liegende Gründe anzukaufen, und allen Beschäftigungen zu entsagen, wodurch sie in den Augen ihrer Mitbürger könnten verhaßt oder verächtlich werden.«
[31] Ebd., S. 96.

jüdischen Charaktergepräges und dessen Benützung auf Bibelstudium«. Es erschien 1809 in der angesehenen, von Carl Christian Ernst Graf von Bentzel-Sternau herausgegebenen Zeitschrift ›Jason‹. Es lohnt sich, diese vielverhandelte Schrift erneut vorzunehmen, da Hebels darin sich artikulierende scharfe Kritik an der zeitgenössischen christlichen Exegese des Alten Testaments bislang noch nicht eruiert worden ist. Und auch die zentrale Bedeutung, die Hebel dem Judentum hier i. b. auf die Bibelhermeneutik zumißt, ist noch nicht befriedigend erhoben worden.

Zunächst sei die wissenschaftsgeschichtliche Situation kurz erläutert, die Hebel vor Augen hat. Hebel kritisiert die Methode der zeitgenössischen Exegese scharf, wenn er ihr vorwirft, ein vereinseitigendes Interesse nur noch an den biblischen Realien und der Altertumskunde zu haben, dabei aber die biblischen Texte selbst und vor allem den jüdischen Geist sowie die jüdische Kultur aus den Augen zu verlieren. Die Erforschung Palästinas, der dortigen Fauna und Flora trete so an die Stelle der Bibel und des Judentums. »So manche Reisende im Orient (scheinen) lieber das Todte als das Lebendige zu beobachten. Sie botanisiren euch von Dan bis Berseba, besteigen den Libanon, und unterscheiden beym ersten Blick die berühmten alten Cedern von den jungen an der Größe [...] so wollen sie lieber die Natur und Lebensart des Schakals als des Menschen studiren, obgleich der Fuchs dort von dem Fuchs hier in keinem größern Abstande stehen mag, als der Mensch dort von dem Menschen hier, und die Bibel nicht für Füchse geschrieben ist, kaum für akademische, zum Studium der Exegese. Das führt uns nicht weiter.«[32]

Hebel nennt den »seligen Ritter Michaelis«[33] und hat damit den berühmten Göttinger Alttestamentler und Orientalisten Johann David Michaelis im Blick. Dieser hatte einer Gruppe von Wissenschaftlern[34], die, vom dänischen König Friedrich V. beauftragt und gefördert, in den Orient reisen sollte, einen Fragekatalog mit auf die

---

[32] Hebel III, S. 605.
[33] Ebd., S. 604.
[34] Mitglieder dieser Gesellschaft von Wissenschaftlern waren »der Philologus, Prof. Friderich Christian von Haven, der Physicus, Prof. Peter Forskål, der Mathematicus, Ingenier-Lieutenant Carsten Niebuhr, der Medicus, Christian Carl Cramer, und der Mahler, Georg Wilhelm Paurenfeind« (Michaelis, a. a. O. [bei Anm. 36], S. c4).

Reise gegeben. Der Titel dieser 1762 im Druck erschienenen Schrift, die übrigens auch im Nachlaßverzeichnis Hebels aufgeführt ist[35], lautet: »Fragen an eine Gesellschaft Gelehrter Männer, die auf Befehl Ihro Majestät des Königes von Dännemark nach Arabien reisen.«[36] Im Vorspann zu diesem Fragenkatalog ist die Instruktion des dänischen Königs abgedruckt, in der den Reisenden aufgetragen wird, »insonderheit sorgfältig [zu] seyn, diejenigen speciellern Fragen zu beantworten, die ihnen von dem Professor Michaelis mitgegeben oder nachgesendet werden«[37].

Erst die Klärung dieses historischen Kontextes erlaubt es, die bissige Ironie der Aussage Hebels zu verstehen, er werde es vorziehen, den Charakter der Juden in Deutschland zu studieren, »bis ich mich zu einer Reise nach Palästina für den Zweck des Menschen-Studiums befähiget habe, und der König von Dänemark [...] die Gelder dazu liefert«[38]. Auch hier äußert sich Hebels Kritik an dem Umstand, daß Michaelis offenbar an allen möglichen Dingen ein wissenschaftliches Interesse hat, nur an einem nicht: an den Juden. Dies – so Hebel – sei zudem unverträglich mit dem Artikel 35 der von Friedrich V. formulierten Instruktion, die ein zentrales soziologisch-kulturelles Interesse am Judentum zu erkennen gebe. Das diesbezügliche Desinteresse der Fragen des Orientalisten Michaelis passe hierzu gar nicht recht, der »keinweges aber ihr [scil. der Gesellschaft; A. S.] den Rath ertheilte, den auch die Instruktion Art. 35 enthält, [...] vor allen Dingen den Juden und seinen Blutsvetter, den Araber, auf dem heimischen Boden desto näher zu betrachten«[39]. Im Artikel 35 nämlich hieß es: »35) der Prof. Haven, als Philologus, merket die Sitten und Gebräuche des Landes an: vornehmlich die, welche der heiligen Schrift und den mosaischen Gesetzen ein Licht geben.«[40]

---

[35] Nr. 538 in: Verzeichniß über diejenigen Bücher, welche aus der Verlassenschaft des verstorbenen Herrn Prälaten J. P. Hebel, Dienstag, den 2. Januar 1827 und die folgenden Tage, in dessen Wohnung, Erbprinzenstraße Nro. 31 der Reihenfolge nach öffentlich gegen baare Bezahlung versteigert werden, Karlsruhe 1826.
[36] Frankfurt a. M. 1762 (UB Heidelberg Q 731[8]).
[37] Ebd., d1.
[38] Hebel III, S. 605.
[39] Ebd., S. 604.
[40] Michaelis, a. a. O. (bei Anm. 36), e1.

Nicht ohne höhnischen Ton wirft Hebel Michaelis vor, über naturkundlichen Quisquilien die eigentliche Aufgabe, die Exegese biblischer Texte, zu umgehen bzw. aus den Augen zu verlieren und Opfer seiner eigenen Gelehrsamkeit geworden zu sein. »Der Verzeihung des seligen Ritters aber bedarf ich, weil ich bey allem Respekt vor seiner seltnen Gelehrsamkeit glauben muß, daß er in derselben und durch dieselbe vor Bäumen den Wald nicht recht gesehen habe, als er der arabischen Gesellschaft mancherley Fragen z. B. über die Gottesanbeterin, als da ist nicht die Priesterin Elisabeth oder die Prophetin Hanna, sondern Mantis Religiosa Linei (Frage 51); ferner über die fliegenden Katzen (Fr. 30) und die zweybeinige Maus (Fr. 92) mitgab und aufband.«[41] Hebel nennt Michaelis daher einen »Katzen- und Bergmausjäger«[42] und hält ihm vor, er interessiere sich nicht für die Menschen im Heiligen Land, über die Beobachtungen anzustellen jedoch wichtig wäre, »da nicht zu läugnen steht, daß man vor allen Dingen diejenigen, an welche geschrieben ist, baß kennen muß, wenn man das, was geschrieben ist, um einen halben Erdgürtel nördlicher, und um ein Paar Jahrtausende später ausdeuten [will]«[43].

Hebel indes nimmt sich vor, das von Michaelis Versäumte zumindest ansatzweise nachzuholen, indem er zunächst die Juden, wie sie in Deutschland empirisch zu beobachten sind, untersucht und

---

[41] Hebel III, S. 604. Michaelis wollte über die ›Gottesanbeterin‹ wissen, »wie dieß sonderbare Thier sich begatte« (a. a. O. [bei Anm. 36], S. 150f). Von der Beantwortung der von Hebel an zweiter Stelle genannten Frage (»Von fliegenden vierfüßigen Thieren«; ebd., S. 74–78) erhofft sich Michaelis eine Erhellung der Bibelstelle Lev 11,20–23. »Moses erklärt die fliegenden Thiere für unrein, die auf 4 Füssen gehen. Norrelius wendet ein, es gebe dergleichen Thiere nicht: denn die cicada, die Heuschrecke, und andere ihres gleichen, hätten 6 Füsse. Nun scheint mir zwar bey der Heuschrecke offenbar, daß wenn man auch bey ihr 6 Füsse zählen wollte, sie dennoch nur auf 4 gehen würde, und nicht vom Haben der 4 Füsse, sondern von dem Gehen darauf, rede Moses: allein mich dünkt, es gebe auch ausser ihr noch Zwitter von vierfüssigen und geflügelten« (ebd., S. 76). Daher will Michaelis wissen, ob nicht auch die fliegende Katze, »Felis volans Ternatensis« (ebd., S. 77), »in den Gegenden gewesen [ist], in denen Moses lebte« (ebd.). Überdies ist Michaelis an der »zweybeinigten Bergmauß der Araber« (ebd., S. 260) interessiert, weil sie in Prv 30,26 genannt ist. »Allein dies so besondere Thier, dem die Sprichwörter Salomons unter den allerklügsten Thieren eine hohe Stelle einräumen, verdienet doch einige neue Fragen« (ebd., S. 261). Michaelis bittet darum, ein solches Tier zur näheren anatomischen Untersuchung mitzubringen.
[42] Hebel III, S. 605.
[43] Ebd., S. 604.

danach fragt, »in wiefern sie zur Aufklärung und Entwickelung des logischen und ästhetischen Sinnes der Bibel etwas beytragen können«[44]. Zunächst kommt Hebel auf die Traditionsverbundenheit des jüdischen Volkes zu sprechen und vermutet, daß es »den physischen, psychologischen und moralischen Charakter seiner Väter in Palästina«[45] behalten habe, weil »die Juden selten fremdes Blut durch Heirath in das ihrige gemischt haben«[46]. Um bei seinen Lesern ein kulturhistorisch fundiertes Verständnis als Voraussetzung für Toleranz den Juden gegenüber zu wecken, erklärt Hebel, daß gewisse befremdliche Kleidungsgewohnheiten der Juden auf orientalische Bräuche zurückgehen. Wenn ein Jude beim Grüßen den Hut nicht zieht, ist er deswegen nicht ungezogen, sondern: »Der Jude ißt, trinkt, betet und grüßt seine Landsleute mit bedecktem Haupt. Warum? Der Hut ist sein Turban. Kein Morgenländer zieht den Turban.«[47] Das, was manchem an der jüdischen Tracht ein »Schlafrock« zu sein scheint, ist in Wahrheit »ein morgenländischer Talar« und das »roth gestreifte Schnupftuch über den Schlafrock um die Hüften« »ein morgenländischer Gürtel zum Talar«.

Hebel liegt es fern, das jüdische Volk zu idealisieren. Auch ein übertriebener Philosemitismus kann Ausdruck von Antijudaismus sein. Da Hebel sich zum Ziel gesetzt hat, das empirische Judentum zu charakterisieren – also die Juden in den Blick zu nehmen, die auch in seinen Kalendergeschichten immer wieder vorkommen –, muß er auch von den seines Erachtens negativen Charakterzügen der Juden sprechen. In dem Spötter der Kreuzigungsszene meint Hebel, die Spottsucht der Juden als »Charakterzug« verkörpert sehen zu können. »Spottsucht und Schadenfreude hat er [scil. der Jude; A. S.] mit seines Gleichen unter allen Nationen gemein; aber das hohe Talent im neckenden Spott über fremde Leiden den Schmerz der eignen zu kühlen, ist ihm eigen.«[48] Aber Hebel verzichtet darauf, dieses Thema zu vertiefen und weitere »blöde Seiten aufzudecken«. Grundsatz der Hebelschen, realitätsnahen Betrachtung des jüdischen Volkes ist es, auch im Betteljuden, im sog. ›schmutzigen Juden‹,

---

[44] Ebd.
[45] Ebd., S. 606.
[46] Ebd.
[47] Ebd.
[48] Ebd., S. 608.

gegen den empirisch sich darbietenden Augenschein einen Vertreter des Bundesvolkes Gottes zu sehen. Nur deswegen kann Hebel über die Schwächen des jüdischen Volkes sagen: »Achtung für eine anderwärtige Heiligkeit dieses Volks decke darüber den Mantel der Schonung.« Das ist gerade die Stärke der Hebelschen Sichtweise der Juden, die anders als Lessings ›Nathan‹ nicht Gefahr läuft, das aufgeklärte Salonjudentum zu idealisieren, um dieses Idealbild dann zum Anlaß zu nehmen, um das realexistierende Judentum antijudaistisch zu perhorreszieren. Insofern steht Hebels Sicht der Juden auf einem weit höheren Reflexionsniveau als diejenige Lessings, deren projüdische Haltung in eine um so antijudaistischere im Alltag umzukippen droht. Die Nazis konnten den edlen Nathan beklatschen, um sich tags darauf unter dem Vorwand, der Rest der Juden sei eben anders, wieder der Ermordung der ›dreckigen‹ Juden zu widmen. Hebel aber thematisiert das Skandalon, das dem glaubenden Christen zugemutet wird, nämlich: Jeden Juden, wenn nötig, auch gegen den Augenschein als heiligen Vertreter des Erstlingsvolkes Gottes anzusehen.

Sich nun einer »beneidenswerthe[n] Seite«[49] der Juden zuwendend, beobachtet Hebel: »Der Jude weicht dem Ackerbau und jedem Beruf, der anhaltend und mühsam beschäftiget, aus, und nährt sich, sey es auch kümmerlich, von allerley Handel, treibt Gaukeley, legt Rattengift, oder kultivirt irgend einen Nebenzweig einer nützlichen Kunst im Kleinen, z. B. die Operation der Hühneraugen.« Grund hierfür sei nicht etwa eine spezifisch jüdische Arbeitsscheu oder Faulheit. Hebel moralisiert nicht, sondern gibt eine sittengeschichtliche Erklärung: »Man sagt daher, sie seyen Tagdiebe, und das ist einseitig und ungerecht. Man sollte sagen: Sie sind Morgenländer.« Hebel entdeckt somit das Beneidenswerte an den südländischen »Nationen, die von unserer nordischen Arbeitseligkeit keine Begriffe haben«.

Mit aller Schärfe geißelt Hebel daher auch die sich der Nützlichkeitskrämerei aufgeklärter Theologie verdankende Ansicht, auch im Himmel gebe es noch keine Ruhe, sondern auch dort sei die berufliche Geschäftigkeit ein das ewige Leben der Menschen prägendes

---

[49] Ebd., S. 609.

Phänomen: »Und die wunderliche Grille kann nur in den Predigten und Katechismen des kostbaren christlichen Nordens einfließen, daß auch noch in dem ewigen Leben keine Ruhe seyn, vielmehr die Kräfte an höheren Gegenständen in weiteren Wirkungskreisen fortgeübt werden sollen.«[50] Der Umstand, daß die Juden weder Ackerbau noch Handwerk betreiben, veranschaulicht – so Hebel –, daß die Juden in der Diaspora leben und nicht gewillt sind, die Fremde als ihre Heimat anzuerkennen, weil eine solche Anerkennung die Verleugnung ihrer wahren Heimat und damit auch der Freiheit des Gottesvolkes nach sich zöge. »Sie konnten aus ihrer Heimath vertrieben werden, das war Gottes Gewalt. Aber ihre Heimath und die Würde und Freyheit des Volks Gottes an einem Sägbock oder hinter einem Schubkarrn verläugnen, das können sie nicht. Sie können hungern, sie können verschmachten, wenn's seyn soll, aber ihr edles Blut, einst in den Adern der Väter an einer bessern Sonne gebraut, in knechtischer Arbeit verdampfen, das können Abrahams Kinder nicht.«[51] Auch hier vermeidet Hebel das Moralisieren und fällt nicht in die weitverbreitete unreflektierte Polemik gegen die vermeintliche Anmaßung der Juden, sich als das ersterwählte Volk Gottes zu bezeichnen.

Die nordische Arbeitsseligkeit, Gelehrsamkeit und Schreib- sowie Leselust sind – so Hebel – mitunter Gründe für den Verlust des »reine[n] lebendige[n] Sinn[es], der das Wahre und Schöne überall und unmittelbar aus der Natur und dem Leben saugt«. Statt die Bibel selbst zu lesen, wird sie nachgedichtet – das ist eine Kritik an Klopstocks Messias: »Wir sind nicht mehr im Stand, den Homer oder Ossian, oder ein einziges Kapitel im Jesajas, z. B. das 60ste bis in sein tiefstes Leben hinein zu verstehen [...] wenn Homer unsere Messiade lesen sollte, so möchte er über manches den Kopf schütteln, wovon ich nur zwey Präliminar-Schwingungen interpretiren will: Die *erste*, wie ein Teutscher dazu kam, den angebohrnen Reim und Jambus zu verlassen, und über seine scharfeckige Sprache den wellenlinigen Hexameter des Joniers zu legen [...] die *zweyte*: wie er dazu kam, zum Gegenstand eines epischen Gedichtes den Messias zu wählen, ohne damit sagen zu wollen, [...] daß das Leben und die

---
[50] Ebd., S. 610.
[51] Ebd., S. 612.

Thaten des Messias keiner Verschönerung durch Dichtung bedürfen.«[52]

Gegen diese doppelte Verarmung sich wendend, nämlich der Natur und der Bibel nicht mehr direkt ansichtig werden zu können, erinnert Hebel im Sinne Johann Georg Hamanns[53] an die doppelte Autorenschaft Gottes. Gott ist Poet im umfassendsten Sinne: Er ist Autor des Buches der Natur und des Buches des Bibel, Urheber der Schöpfung und Schriftsteller der Bibel.»Denn ist nicht Gott selbst der erste und größte Dichter, ποιητής in beyderley Sinn des Worts? Die ganze Idee des Weltalls mit allen seinen Theilen und Entwickelungen war in Gott, ehe sie realisirt wurde, ein großes harmoniereiches Gedicht, herausgegeben ANNO MUNDI I. und bis jetzt noch nicht nachgedruckt.«[54]

Und nun folgt der Satz, von dem Ernst Bloch gesagt hat, er sei »der wohl betroffenste, verehrungsvollste Judensatz, der über die Lippen eines Prälaten gekommen ist«[55]: »Was aber den Jesaias betrifft, so behaupte ich nur so viel, daß, wer ihn vom 40. Kapitel an lesen kann, und nie die Anwandlung des Wunsches fühlt, ein Jude zu seyn, sey es auch mit der Einquartirung alles europäischen Ungeziefers, ein Betteljude, der versteht ihn nicht, und so lange der Mond noch an einen Israeliten scheint, der diese Kapitel liest, so lange stirbt auch der Glaube an den Messias nicht aus.«[56] Dies zeigt: Hebels Sichtweise der Juden ist immer verbunden mit einem alttestamentlichen Lektüreakt, ja das Judentum ist in Hebels Augen lebender Repräsentant der Heiligen Schrift Alten Testaments. Und das von Hebel so geliebte Alte Testament ist zugleich Motivation dafür, auch das jüdische Volk mit liebenden Augen als den Stamm anzusehen, auf den die Christen aufgepfropft sind (Röm 11,16–18). Nur derjenige versteht die Prophetie des Jesaja recht, der bei der Lektüre die Anwandlung des Wunsches verspürt, ein Jude zu sein – wohlgemerkt eingedenk der Tatsache, daß er dann auch ein Bettel-

---

[52] Ebd., S. 611.
[53] Vgl. J. A. Steiger, Bibel-Sprache, Welt und Jüngster Tag bei Johann Peter Hebel. Erziehung zum Glauben zwischen Überlieferung und Aufklärung (= Arbeiten zur Pastoraltheologie 25), Göttingen 1994, S. 101–106.
[54] Hebel III, S. 611.
[55] Ernst Bloch, Nachwort, in: Hebel, Kalendergeschichten, Frankfurt a. M. 1965, S. 135–150, hier: S. 147.
[56] Hebel III, S. 611.

jude werden könnte. Auch hier stört die mitunter wenig attraktive Empirie nicht den Blick, der die Juden als das Volk der Verheißung betrachtet. Und: Solange es Juden gibt, »so lange stirbt auch der Glaube an den Messias nicht aus«, sei es nun an den gekommenen, an den aus jüdischer Sicht erst noch kommenden oder an den wiederkommenden. Die Juden sind nach Hebel die lebendige Erinnerung daran, daß von den letzten Dingen zu sprechen noch nötig und das Ende noch zu erwarten ist. Die Existenz des jüdischen Volkes ist der einzig mögliche natürliche Gottesbeweis.

Lassen sich der von Hebel neu rezipierten Hermeneutik des Buches der Natur und desjenigen der Bibel zufolge alle Dinge der Schöpfung biblisch lesen[57], so auch die Juden. Dazu muß man nicht ins Morgenland reisen, sondern zunächst wollen die in Deutschland lebenden Juden gelesen werden. An ihnen läßt sich lernen, wie es um die göttliche providentia und conservatio bestellt ist, die für die Menschen sorgt. Hebel begreift die Juden als eine Auslegung von Mt 6. Eingeleitet durch eine rhetorische Frage, die der paulinischen in Röm 8,33 (›wer will die Auserwählten Gottes beschuldigen?‹) nachgebildet ist (»wollen wir sie verdammen? Das sey ferne«[58]), erkennt Hebel in den Juden eine Auslegung der Bergpredigt. »Abrahams Kinder [...] sind und bleiben zu dem Ausspruch: Sorget nicht für den andern Morgen [scil. vgl. Mt 6,25ff; A. S.], die lebendige Exegese [...] Sie säen nicht und ärndten nicht, sie sammlen nicht in die Scheuren, und ihr himmlischer Vater nähret sie doch.« Hier überträgt Hebel eine Aussage, die die Bergpredigt über die Vögel unter dem Himmel macht (Mt 6,26), auf die Juden in Deutschland. Die Verkündigung Jesu aus dem Buch der Natur, die im Buch der Bibel bezeugt ist, benutzt Hebel und legt sie um auf ein anderes Kapitel des Buches der Natur: die Juden. Jesu Aussage über die Lilien Mt 6,28 interpretiert Hebel, indem er sie auf die Juden appliziert, und zeigt so Gottes conservatio anhand der Juden auf. »Sie nähen nicht und spinnen nicht, und er kleidet sie doch.« Anschließend merkt Hebel, kritisch gegen die Obrigkeit sich wendend, an: »und sorgt noch für das Schutzgeld«, so wie er auch zu der Wendung »und ihr himmlischer Vater nähret sie doch« anmerkt: »selbst in

---

[57] Vgl. Steiger, a. a. O. (wie Anm. 53), Kap. I, 3 u. ö.
[58] Hebel III, S. 612.

Teutschland, was viel heist.« Die Juden also lehren Christen auf anschauliche Weise, was die Vorsehung Gottes ist. Die Juden sind eine lebendige Auslegung des Neuen Testaments, nicht nur des Alten. Die Tatsache, daß die Juden aufgrund diesbezüglicher Reglementierungen keinen Ackerbau und kein Handwerk treiben, hat für Hebel demnach nicht nur eine sozialhistorische Bedeutung und nicht bloß einen morgenländisch-sittengeschichtlichen Hintergrund, sondern auch eine von Mt 6 her entdeckte zeichenhafte Relevanz.

In der Bemühung, die Juden biblisch zu verstehen, liegt die implizite, kritische Haltung Hebels den Zielsetzungen der Judenemanzipation ›von oben‹ gegenüber. War diese – wie vorhin gezeigt – der Ansicht, die Juden hätten von den Christen erst noch zu lernen, wie man nützlicher, arbeitsamer und verläßlicher Staatsbürger zu werden habe, bevor den Juden die völlige Gleichberechtigung zu gewähren sei, so kehrt Hebel zumindest an dieser Stelle das Lehrer-Schüler-Verhältnis um. Die Christen haben vom ersterwählten Volk Gottes den Sinn der Schriften des Neuen Bundes zu lernen. Die Juden sind für Hebel nicht in erster Linie ein soziologisches Problem oder ethnisches Politikum, sondern ein biblisch-hermeneutisches Phänomen.

Da es Hebel fern liegt, das aufgeklärte Salonjudentum auf Kosten des realexistierenden zu idealisieren, ist er frei, sich in seinen Kalendergeschichten den Juden zuzuwenden, wie sie ihm im Alltag begegnen. Der beruflich vom Markgräflerland in die Residenzstadt Karlsruhe ›exilierte‹ Hebel konnte nachvollziehen, was es heißt, von seiner Heimat getrennt zu sein und Heimweh zu haben. Hebel hält es darum für etwas Großartiges, etwas Vagabundisches ins Leben zu mischen: »Es ist gar herrlich, so etwas vagabundisches in das Leben zu mischen. Es ist wie der Fluß im Thal. Man fühlt doch auch wieder einmal, daß man der Erde nicht angehört, und daß m[an] ein freier Mensch ist, wenn man wie der Spatz alle Abende auf einem andern Ast sitzen kann. Das ist es, was den Betler groß und stolz macht, wenn er sich selbst und seinen Beruf recht versteht. Ich habe diese Glücklichen schon oft beneidet, und gebe gerne denen, die es aus Grundsatz sind. Es gibt keine andere Philosophie.«[59] Vagabund zu sein sieht Hebel nicht nur als Inbegriff von Freiheit an.

---

[59] Hebel, Briefe. Gesamtausgabe, hg. und erl. von Wilhelm Zentner, 2 Bde., Karlsruhe ²1957, S. 717. 3. 6. 1824 an Haufe.

Vielmehr ist ihm diese irdische Art der Heimatlosigkeit Sinn- und Abbild des Heimwehs nach der himmlischen Heimat. Das ist mitunter auch ein Grund dafür, warum Hebel in seinen Kalendergeschichten immer wieder auch von Vagabunden, dem ›Zundelfrieder‹ und dem fahrenden Volk Geschichten erzählt. So wie die Juden aus ihrer Heimat vertrieben worden, heimatlos geworden sind und auf den Messias warten und hoffen, der das Volk Israel sammeln und auch dessen Heimat wiederherstellen wird, so sind auch die Christen nach Hebr 13,14 heimatlos, da die Aufrichtung der verheißenen himmlischen Heimat noch aussteht. In diesem geistlichen Sinne solidarisiert sich Hebel mit den Juden, die nur Hintersassen und Schutzbürger sind. Hebel selbst ist auf dieser Welt nur ein Schutzbürger. Anläßlich seines letzten Umzuges im Jahre 1822 schreibt er: »So lästig das Ziehen ist, so gemüthlich angenehm und wehmütig wird es mir wenn ich einen großen Maßstab daran lege und denke, daß wir hier alle nur Quartierträger des großen Hausvaters sind, und daß solche Aus- und Einzüge im Kleinen nur Vorübungen des Großen und lebhafte Erinnerungen sind, daß wir hier keine bleibende Stätte haben [scil. Hebr 13,14; A. S.]. Ja ich kann mir sogar in meiner Armuth darinn wohlgefallen, daß ich nichts Nieth- und Nagelfestes auf der Erde habe, nur Hindersaß, oder wie wirs iezt nennen Schuzbürger auf ihr bin, und fast einem Vögelein gleiche, das sich ieden Abend auf einen andern Ast setzt.«[60]

Auffällig ist, daß Hebel ein starkes Interesse daran hat, gesellschaftliche Randgruppen und outcasts als dramatis personae zu wählen. Hebel wirbt auf eine ganz eigene Weise für Toleranz und Verständnis für diese Gruppen, indem er ihnen ihre Identität und ihr Recht, nicht integriert sein zu wollen, beläßt.

Hebel sucht nach einem zwischen Christen und Juden Gemeinschaft stiftenden Element und findet es in der Lachgemeinschaft. Er hält keine moralinsauren Vorträge über die naturrechtlich begründete Notwendigkeit von Toleranz, sondern entdeckt das Lachen als das effizienteste Medium, um gegenseitiges Verständnis zu befördern und wachsen zu lassen. Die launigen Erzählungen erlauben es Hebel dann aber auch, kritisch auf die Zurücksetzung und gesell-

---

[60] Hebel, Briefe, S. 677f. 3. 8. 1822 an Haufe.

schaftliche Ächtung von Juden hinzuweisen. Bestes Beispiel hierfür ist die Geschichte »Glimpf geht über Schimpf«[61], in der ein Jude die Kinder eines Dorfes für ihre Schmähreden entlohnt, bis ihm das Geld ausgeht, und die Kinder, die fast angefangen hatten, »den gutherzigen Juden lieb zu gewinnen«, ihn fortan nicht mehr Judenmauschel nennen.

»Ein Hebräer, aus dem Sundgau, gieng jede Woche einmal in seinen Geschäften durch ein gewisses Dorf. Jede Woche einmal riefen ihm die muthwilligen Büblein durch das ganze Dorf nach: ›*Jud! Jud! Judenmauschel!*‹ Der Hebräer dachte: Was soll ich thun? Schimpf ich wieder, schimpfen sie ärger, werf ich einen, werfen mich zwanzig. Aber eines Tages brachte er viele neugeprägte, weißgekochte Baselrappen mit, wovon fünf so viel sind als zwei Kreutzer, und schenkte jedem Büblein, das ihm zurief: ›*Judenmauschel!*‹ einen Rappen. Als er wieder kam, standen alle Kinder auf der Gasse: ›*Jud! Jud! Judenmauschel! Schaulem lechem!*‹ Jedes bekam einen Rappen, und so noch etliche Mal, und die Kinder freuten sich von einer Woche auf die andere und fingen fast an den gutherzigen Juden lieb zu gewinnen. Auf einmal aber sagte er: ›Kinder, jetzt kann ich euch nichts mehr geben, so gern ich möchte, denn es kommt mir zu oft, und euer sind zu viel.‹ Da wurden sie ganz betrübt, so daß einigen das Wasser in die Augen kam, und sagten: ›Wenn ihr uns nichts mehr gebt, so sagen wir auch nicht mehr Judenmausche.‹ Der Hebräer sagte: ›ich muß mirs gefallen lassen. Zwingen kann ich euch nicht.‹ Also gab er ihnen von der Stund an keine Rappen mehr und von der Stund an ließen sie ihn ruhig durch das Dorf gehen.«

Hebel läßt, ausgehend von der alltäglichen Situation, daß ein Jude unter Schmähreden zu leiden hat, literarisch und humorvoll eine völlig unalltägliche Erzählwelt entstehen, in der sich ein Jude seine Ruhe erkauft, indem er die Kinder für ihre Spottworte mit Geld entlohnt. Kann diese Geschichte als eine implizite Kritik an der den Juden auferlegten Pflicht, Schutzgelder entrichten zu müssen, gelesen werden, so spielt sie gewiß auch mit der soziologischen Tatsache, daß sich Juden im Finanzgeschäft als geschäftstüchtig erwiesen. Aber die Geschichte verbietet jegliche moralisierende und antijudai-

---

[61] Hebel III, S. 372f.

stische Interpretation, da sie eine Lachgemeinschaft von Juden und Christen begründet, die sich gerade aus der Spannung heraus ergibt, die zwischen der verkehrten Welt der Erzählung und der Realität besteht, die jedem Leser auffallen muß. Gerade die verkehrte Welt soll dem Leser Anlaß geben, über das Verhältnis zwischen Juden und Christen im Alltag und über die verletzende und ungerechte Behandlung der Juden im bürgerlichen Leben nachzudenken. Eine ähnliche Lachgemeinschaft läßt Hebel auch in der Geschichte »Einträglicher Räthselhandel«[62] auf jenem Schiff entstehen, das den Rhein hinabfährt und zu dessen Fahrgästen auch ein mitteloser Jude zählt, der der Ansicht ist »›auf dem Wasser wird sich auch noch etwas erwerben lassen‹«. Der Jude, der in einem »Winkel« des Schiffes Platz findet – sinnbildlicher Ausdruck für die gesellschaftliche Randstellung der Juden ist dies gewiß – »mußte viel leiden, wie mans manchmal diesen Leuten macht und versündiget sich daran«. Ein Mitfahrender fordert den Juden auf, für Zeitvertreib zu sorgen, und merkt, auf die Wüstenwanderung Israels anspielend, an: »›Deine Väter müssen doch auch auf allerley gedacht haben in der langen Wüste‹«. Der Jude, der hofft, auf diese Weise den Fahrpreis erwirtschaften zu können, schlägt ein Rätselspiel vor. Es sollen »kuriose Fragen« gestellt werden. »Wer sie nicht beantworten kann, soll dem Aufgeber ein zwölf Kreutzerstück bezahlen, wer sie gut beantwortet, soll einen Zwölfer bekommen.« Die Fahrgäste, da sie hoffen, »sich an der Dummheit oder an dem Witz des Juden belustigen« zu können, lassen sich auf den Vorschlag ein und stellen dem Juden reihum Fangfragen, die er jedoch mit viel Witz, Dialektik und Geschick beantwortet. Der Jude kassiert ein 12-Kreuzer-Stück nach dem anderen. Dabei hat die erste Fangfrage das Alte Testament und die zweite das Neue zum Gegenstand. »So fragte z. B. der Erste: Wie viel weichgesottene Eier konnte der Riese Goliath nüchtern essen? – Alle sagten, das sey nicht zu errathen und bezahlten ihre Zwölfer. Aber der Jud sagte: ›Eins, denn wer Ein Ey gegessen hat, ißt das Zweyte nimmer nüchtern. Der Zwölfer war gewonnen. Der Andere dachte: Wart Jude, ich will dich aus dem Neuen Testament fragen, so soll mir dein Dreibätzner nicht entgehen. ›Warum hat der Apostel Paulus den zweiten Brief an die Corinther geschrieben? Der

---

[62] Hebel II, S. 196–199.

Jud sagte: ›Er wird nicht bey ihnen gewesen seyn, sonst hätt' ers ihnen mündlich sagen können.‹ Wieder ein Zwölfer.« Erst als alle merken, »daß der Jude in der Bibel so gut beschlagen sey«, weicht man auf andere Themen aus, und die Fragen werden immer abstruser. Der Jude jedoch findet stets eine Antwort. Zuletzt jedoch ist der Jude an der Reihe und ist der einzige, dem es gelingt, eine Frage zu stellen, die keiner beantworten kann – nicht einmal er selbst, so daß er eins von den gewonnenen 12-Kreuzer-Stücken wieder herausrücken muß mit den Worten:»›Daß ichs auch nicht weiß. Hier ist mein Zwölfer!‹«

Hebels Ziel in solchen Geschichten ist es, das gesellschaftlich geächtete Judentum zu rehabilitieren, es liebenswert zu machen. Diese dialektisch hochaufgeladene Erzählung will dazu beitragen, daß weniger über die Juden gelacht wird und sie verspottet werden, sondern mehr mit ihnen gelacht wird. Deswegen spiegelt sich Hebel, der Meister des erzählerischen Humors, in diesem Juden, der durch seine gewitzten Antworten im Grunde nichts anderes tut, als die Fragenden beim Wort zu nehmen und sie bei ihren Worten zu behaften. Der Jude stellt sich obendrein am Ende als der Überlegene heraus, der allein ein nicht erratbares Rätsel aufgeben kann, indem er sich selbst in Frage stellt, sein eigenes Unvermögen, eine Rätsellösung zu finden, offenbart und den ausgemachten Preis entrichtet. Die Rätselfrage des Juden lautet: »Wie kann man zwey Forellen in drey Pfannen backen, also daß in jeder Pfanne Eine Forelle liege.« Erst nach langem Hin und Her gibt der Jude das völlig Unerwartete zu erkennen: »Denn als die Eilfe verlangten, er sollte ihnen für ihr Geld das Räthsel auch auflösen, wand er sich lange bedenklich hin und her, zuckte die Achseln, drehte die Augen. ›Ich bin ein armer Jüd,‹ sagte er endlich. Die Andern sagten: Was sollen diese Präambeln? Heraus mit dem Räthsel! – Nichts für ungut! – war die Antwort, – aß ich gar ein armer Jüd bin. – Endlich nach vielem Zureden, daß er die Auflösung nur heraus sagen sollte, sie wollten ihm nichts daran übel nehmen, griff er in die Tasche, nahm einen von seinen gewonnenen Zwölfern heraus, legte ihn auf das Tischlein, so im Schiffe war, und sagte: ›Daß ichs auch nicht weiß. Hier ist mein Zwölfer!‹«

Bei allem Verständnis für die Juden, für das Hebel wirbt, darf der Jude seiner Geschichte doch bleiben, was er ist: selbst ein Rätsel.

Da Hebel die Juden nicht idealisiert, sondern Geschichten von ihnen erzählt, die den Alltag zur Kulisse haben, verschweigt er nicht, daß es auch unter den Juden wie bei allen Menschen ethisches Ungenügen gibt. Daß diese Schlechtigkeit Folge der sozialen Unterdrückung sein kann, stellt Hebel dabei gewiß in Rechnung. Von moralisch verwerflichem Verhalten von Juden wird etwa in den Geschichten »Schlechter Gewinn«[63] und »Wie einmal ein schönes Roß um fünf Prügel feil gewesen ist«[64] erzählt. Hier ist die Rede von solchen Juden, die um willen des Gewinns körperliches Leiden oder gar Verstümmelung in Kauf nehmen. »Der gläserne Jude«[65] erzählt von einem Diebstahl eines Juden. In »Gleiches mit Gleichem«[66] allerdings ist von einem wenig vorbildhaften Christen die Rede, der einen Juden betrügt mit dem Hintergedanken: »›Vielleicht bekehr ich ihn […] wenn er sieht, daß wir auch gerecht sind in Handel und Wandel.‹« Der Jude verschafft sich hier nur sein Recht, indem er seinem Betrüger mit gleicher Münze heimzahlt. Hebel liegt es fern, nur Juden als Betrüger zu zeichnen. Er wußte zu gut, wie die Menschen sind.

Hebels Sichtweise der Juden ist voreingenommen und unvoreingenommen gleichzeitig: Voreingenommen ist Hebel, weil er in den Juden – wie oben gezeigt – immer das von Gott erwählte Volk sieht, unvoreingenommen, weil Hebel dies nicht davon abhält, sondern dazu befreit, moralischen Mangel im Verhalten der Juden auch zu benennen. Das hat nichts mit Antijudaismus zu tun, sondern ist die Folge einer solchen philosemitischen Haltung, die keinen Anlaß dazu geben will, aufgrund eines Idealbildes der Juden, das an der Realität nur sehr partiellen Anhalt hat, eine umso schärfere Perhorreszierung des realen Judentums im bürgerlichen Leben, das nun einmal nicht im aufgeklärten Salon stattfindet, nach sich zu ziehen.

Hebel war bestrebt, diese Ausgewogenheit von theologisch-heilsgeschichtlicher Voreingenommenheit und moralischer Unvoreingenommenheit in seinen Geschichten zur Darstellung zu bringen, wobei Hebels Humor stets ein bloß nur noch moralisierendes Urteil über die Juden im Sinne eines ›da sieht man es wieder: so sind die

---

[63] Hebel II, S. 83f.
[64] Hebel III, S. 416–418.
[65] Ebd., S. 434.
[66] Ebd., S. 506–508.

Juden‹ verhindert. In einer bisher nicht bekannten Erzählung allerdings, die zunächst für den Kalender auf das Jahr 1819 vorgesehen war, dann jedoch dort nicht aufgenommen wurde, fehlt sowohl ein solcher humoristischer Skopos als auch der beschriebene theologische Aspekt sowie jegliche Mahnung, den Juden gegenüber tolerant zu sein.

»Gut bezahltes Divisions-Exempel[67]

Im Feldzug des Jahrs 1815 als allerlei fremdes Volk zum zweitenmal in Frankreich einrückte; redete ein Corporal seine Mannschaft an: »Also bedenkt jetzt, daß ihr helfen sollt, den Feind zu besiegen, und gefangen zu nehmen! Solches wird euren Waffen unsterblichen Ruhm bringen;« und verstand es der eine und der andere unrecht.

Demnach, wenn sie in ein Dorf kamen, sahen sie sich zuerst nach den schönsten und grösten Häusern um, denn sie sagten, »Napoleon geht in kein schlechtes,« und wenn sie darin ein Kistlein voll Fünffrankenstücklein oder Zwanzigfrankenstücklein fanden, wo des Kaisers Bild und Überschrift darauf war, sagten sie zu ihm: »Weist du nicht, daß deine Stunde geschlagen hat, und daß wir gekommen sind, dich gefangen zu nehmen, und solches unsern Waffen unsterblichen Ruhm bringen wird.« Ja es blieb nicht bei der Drohung, sondern sie thatens. Ihnen entgegen sprach ein angesessener Jude im Land zu seinen vier Söhnen: »Wollt ihr länger zusehen, du David und du Borech, und du Meier, und du Löbelin, mein jüngster und hoffnungsvollster, daß der Kaiser aus ganz Elsaß soll vertrieben werden, so er uns doch vor Jahren einen graußen Sanchedern gehalten, und euern Vater noch in seinen gestandenen Jahren zum gebohrenen Franzosen gemacht hat. Wollt ihr nicht retten, wenigstens, was zu retten ist.« Da brach den Jünglingen das Herz, aus Liebe und Sehnsucht, und zogen von Dorf zu Dorf den Colonnen nach, wie Ährenleser den Garbenbindern, und gaben sich für Armee-Juden aus. In dieser Eigenschaft erstöberten sie auf einem Fleck achtzig Napoleonsd'or; und so auch etliche Stücklein von Ludwig dem achtzehnten, darunter waren, sagten sie doch: »Es steht noch alles auf Spitz und Knopf. Man darfs noch mit keinem verderben.«

---

[67] Vorausmitteilung der Hebel-Edition, Adrian Braunbehrens.

Allein die Militärpolizei war ihnen auf der Spur und als sie im Begriff waren, noch ein anderes Schränklein aufzubrechen, wurden sie gefaßt, und vor den Commandanten geführt. Der Commandant bewillkommte sie: »Hat man euch einmal ihr Spitzbuben? Heraus mit dem Geld!« Die Delinquenten fleheten zwar und winselten: Habt ein Einsehen gnädiger Herr, – daß wir gar arme Juden sind, und aller Handel ist zerstört. So? sagte der Commandant, arme Juden? Also keine Armee-Juden? Als er aber ein ganz kurzes Kriegs und Judengericht mit ihnen gehalten hatte: »Achtzig Napoleons, sagte er, achtzig Stockprügel. Theilt euch drein« da erhob sich ein jammervolles vierstimmiges Zettergeschrei. »Au weih! Herr Rittmeister, Herr Obrist, Herr General! David mer sind capores.« Wenn kein Erbarmen hilft, schrie endlich der Löbele, und fuhr dann mit gedämpfter und gleichsam beruhigter Stimme fort, »na, so hab ich noch etwas zu decouverieren. Der Ätte hat auch Antheil.« Nämlich er machte in der Geschwindigkeit ein ganz richtiges DivisionsExempel, daß, wenn sich vier in Achtzig zu theilen haben, so kommen auf seinen Antheil zwanzig. Wenn aber ein Fünfter hinzukommt, und solls der Ätte sein, so treffen ihm nur sechzehn. Deß entsetzte sich der Commandant nicht weniger, als jeder geneigte Leser, der es hier liest, und drehte sich in der Stube um, als der eine Hetzpeitsche sucht, oder dergleichen etwas. Allein er suchte nur eine gute Besinnung, und als er sie gefunden hatte, sagte er: »Gut hat der Ätte auch Antheil, soll er, zwanzig bekommen. Wenn er nur schon da wäre! Nicht wahr Löbele, du bist schon so gut, und stehst für den Ätte ein, und übernimmst seine zwanzig auch?« Da half kein Bitten und kein Betten. Jeder von den drei ersten bekam seine zwanzig, und der Löbele bekam ebenfalls zwanzig für sich, und zwanzig für den Ätte. Summa: Vierzig. Der geneigte Leser ratificirt's.«

Es wird nicht zu weit gegriffen sein, zu vermuten, daß Hebel diese Geschichte nach ihrer Erstveröffentlichung nicht für einen Abdruck im prominenten Medium des ›Hausfreundes‹, der einen größeren Leserkreis erreichte, vorgesehen hat, weil ihm aus einigem Abstand heraus bewußt geworden sein mag, daß diese Geschichte nicht nur für antijudaistische Interpretationen offen ist, sondern sie sogar befördern könnte. Auch mag das 1818 immer stärker werdende judenfeindliche Klima Hebel bewogen haben, von einer Veröffentlichung der Erzählung im Kalender Abstand zu nehmen. Die Spannungen wuchsen, und sie entluden sich in den Hep-Hep-Pogromen des Jahres 1819 – in Süddeutschland besonders eruptiv. Im 1819 erschienenen Hausfreund findet sich übrigens keine Judengeschichte.

IV

Ein neu aufgefundener Erstdruck
Johann Peter Hebels

Hebels Kantate auf die Eröffnung
des Karlsruher Museums am 12. Mai 1809

1. Der Fund, die Entstehungsgeschichte und der historische Ort der Quelle

Ein bislang verschollener Erstdruck einer Schrift Hebels ist wiedergefunden. In dem alten systematischen Bandkatalog der Universitätsbibliothek Heidelberg fand ich vor einiger Zeit zufällig eine mir bis dato nicht bekannte Schrift J. P. Hebels verzeichnet. Es handelt sich um ein kleines Heftchen in Oktavformat, das den Titel »Cantate« trägt, weder den Verfasser noch den Drucker, den Druckort oder das Erscheinungsjahr nennt.[1] Nur ein handschriftlicher Eintrag auf dem Titelblatt deutet auf Hebels Verfasserschaft hin und nennt den Anlaß: Die Eröffnung des Museums in Karlsruhe – jener Lesegesellschaft, die von den beiden höchsten badischen Kirchenmännern, dem Lutheraner Nikolaus Friedrich Sander[2] und seinem reformierten Amtskollegen Johann Ludwig Ewald[3], gegründet worden war. Für das Museum war Hebel auch in späterer Zeit noch poetisch tätig, indem er das ›Lied für die Gesellschaft des Museums bei ihren freundschaftlichen Mahlen‹ dichtete.[4]

Diese Lesegesellschaft, eine wichtige Errungenschaft des aufgeklärten und gebildeten Bürgertums[5], Zentrum des kulturellen und geistigen Austausches in der Residenzstadt Karlsruhe, Lesezirkel, Podium für Meinungsbildung und Raum geselligen Vergnügens (– auch an einer Kegelbahn mangelte es nicht –), charakterisiert ein anonymer Autor im ›Morgenblatt für gebildete Stände‹[6] folgendermaßen:

»Das schöne von einem Privatmanne errichtete Gebäude, worin sich das *Museum* befindet, verdient von jedem Durchreisenden be-

---

Überarbeitete Fassung des gleichnamigen Aufsatzes in: Badische Heimat 74 (1994), S. 645–650.

[1] UB Heidelberg B 5142⁴.
[2] Vgl. Ernst-Otto Braasch, Die Mitglieder der Generalsynode 1821. Biographien, in: Hermann Erbacher (Hg.), Vereinigte Evangelische Landeskirche in Baden 1821–1971. Dokumente und Aufsätze, Karlsruhe 1971, S. 668–733, hier zu Sander: S. 674–678.
[3] Vgl. hierzu J. A. Steiger, Johann Ludwig Ewald (1748–1822). Rettung eines theologischen Zeitgenossen (= Forschungen zur Kirchen- und Dogmengeschichte 62), Göttingen 1996.
[4] Johann Peter Hebel, Werke, hg. von Wilhelm Altwegg, 2 Bde., o. O. ²o. J., I, S. 263–265.
[5] Vgl. Otto Dann (Hg.), Lesegesellschaften und bürgerliche Emanzipation. Ein europäischer Vergleich, München 1981.
[6] Nr. 201, Mittwoch, 23. 8. 1809.

sucht zu werden. Durch die Bemühungen der beyden Kirchenräthe, *Sander* und *Ewald*, ist diese treffliche Anstalt begründet worden; sie zählt an 200 Mitglieder, und man findet hier nicht nur die vorzüglichsten Zeitungen und periodischen Schriften, sondern überhaupt alle neue Werke von allgemeinem Interesse, Kupferstiche, Landkarten und andere Kunstprodukte. Alles ist auf's Zweckmäßigste und geschmackvoll eingerichtet. In dem obern Gesellschafts= Lokale bildet sich jeden Freytag die Gesellschaft zu einem Kasino, wo Musik mit Vorlesungen und andern gesellschaftlichen Vergnügungen abwechselt. Ein Mitglied desselben hatte die Güte, mich einzuführen, und ich war nicht wenig erstaunt, als ich im Tempel der Musen und Grazien Streit und Fehde antraf. Der Eigenthümer des Museum ließ nämlich für die Gesellschaft eine bedeckte Kegelbahn im Hofe des Gebäudes errichten; der Nachbar, der beynahe den ganzen Platz seines Hofes überbaut hat, wollte auch noch das Licht des andern in Anspruch nehmen; in zwey Instanzen verlor er, der Bau begann daher. Kurz vorher, als ich eintrat, erschien der Nachbar mit gewaltiger Hülfe, um der Fortsetzung der Maurerarbeit Einhalt zu thun.«

Daß Hebel tatsächlich der Verfasser des Kantatentextes ist, geht eindeutig aus einigen seiner Briefen hervor. Am 25. 3. 1809 schreibt er an die Familie Haufe: »Ich mußte, weil ich nicht scheinen wollte, ich könns nicht, zur musikalischen Composition einer Cantate, die vor 15. Jahren in Bayern aufgeführt ward, einen neuen Text machen, ich der ich soviel von der Musik verstehe, als der Caminfeger vom Weiß bleichen. In 4. Wochen habe ich bis gestern 2 Terzette, 1 Sopran, 1 Tenor, 1 Baß Arie, zwey Duette, und 4 Recitative gebohren oder gelegt.«[7] Diese Beschreibung stimmt mit vorliegendem Text überein. Hebel irrt sich nur an einer Stelle: Die Kantate enthält nicht zwei, sondern drei Duette. Auch an seinen Freund Friedrich Wilhelm Hitzig schreibt Hebel, daß er »eine neue Cantate für die Einweihung des neuen Lesegesellschaftshauses verfertigen«[8] müsse. Beide Briefe berichten zudem, daß Hebels Arbeit an dieser Kantate sich darum so schwierig gestaltete, weil er zu einer bereits vorhan-

---

[7] Hebel, Briefe. Gesamtausgabe, hg. und erl. von Wilhelm Zentner, 2 Bde., Karlsruhe ²1957, S. 409. Hebel an Haufe 25. 3. 1809.
[8] Ebd., S. 415. Hebel an Hitzig 6. 4. 1809.

denen Musik einen neuen Text machen, eine Parodie also anfertigen mußte.»Das war ein Stück Arbeit, o Zenoides, Zeile für Zeile, oft Sylbe für Sylbe [...] den Text der Musik anzupassen, hier kein i, dort kein u oder dergleichen Diphtonge einzuschwärzen, knall und fall aufzuhören, wo die Noten einer Arie zu Ende sind, oder mit einem J[ean] Paulischen Streckvers fortzufahren, wenn noch eine Feuerleiter voll da steht, ist [so] zu sagen, als wenn man zu einem Pärlein Hosen, eng oder weit, kurz oder lang, das Büblein zeugen müßte, dem sie anpassen sollen, statt ihm die Höslein anzumessen, wenn es da ist und sie tragen kann.«[9]

Den hier abgedruckten Kantatentext hat Hebel also nach vierwöchiger Arbeit am 24. 3. 1809 fertiggestellt. Die Eröffnung des Museums und die Uraufführung waren anscheinend zunächst für die zweite Aprilwoche geplant[10], wurden dann jedoch auf den 12. 5. verschoben. Tags darauf übersandte Hebel sein jüngstes Werk der Familie Haufe in Straßburg[11], obgleich er dies nicht zu tun versprochen und humorvoll angemerkt hatte:»Wenn sie [scil. die Kantate; A. S.] Beyfall findet, so ists mir recht, wo nicht so laß ich sie drucken, um wenigstens bei einem genügsamern Theil des Publikums noch ein Lorbeerreislein zu erndten. Wir Poeten haltens so. Wenn uns etwas mißlingt, so lassen wirs drucken. Ihr bekommt also die Cantate auf keinen Fall von mir zu sehen, weder wenn sie Glück macht, noch wenn sie gedruckt wird!«[12]

Somit ist dieser noch von Wilhelm Zentner, dem Herausgeber der Briefe Hebels, vergeblich gesuchte[13] Originaldruck wieder aufgetaucht. Er wird selbstverständlich in die im Entstehen begriffene

---

[9] Ebd. Vgl. S. 409: »Ich mußte einen Gegenstand der eine feierliche Behandlung erforderte, für eine leichte lachende Musik bearbeiten, in iede Arie natürlich ebensoviel Verse, in ieden Vers eben so viel Zeilen, oft wegen der Repetition und den Wechselstimmen im Duett in iede Zeile eben so viele und eben so lange oder kurze Wörter bringen als der OriginalText hat, an einen erkleklichen Streckvers war nicht zu denken, und welche Sylben haben, in denen durfte vollends kein i kein u etc. vorkommen.«
[10] Vgl. ebd.: »In 14–16 Tagen soll die Cant. aufgeführt werden.«
[11] Ebd., S. 422. Hebel an Haufe 13. 5. 1809: »Der geneigte Leser beliebe nemlich sich einigermaßen zu verwundern, daß ich die Cantate doch schicke, ob ich gleich zum Gegentheil gegründete Hoffnung gemacht hatte.«
[12] Ebd., S. 409.
[13] Ebd., S. 846, Anmerkung zu Brief Nr. 257: »Die Cantate: Siehe Briefe 249, 252. Den hier erwähnten Druck konnte ich bisher nicht ermitteln.«

historisch-kritische Gesamtausgabe der Werke Hebels aufgenommen werden, nachdem er bisher nur einmal in einer Hebel-Werkausgabe zum Abdruck gekommen ist.[14]

Glaubt man der handschriftlichen Eintragung auf dem Titelblatt des vorliegenden Druckes, dann ist Peter von Winter[15] der Komponist der Kantate und der Großherzoglich-badische Musikdirektor Johann Brandl[16] derjenige, der die Kantate neu canzoniert hat. Wer jedoch der Dichter des ursprünglichen Kantatentextes ist, ist dann noch nicht ausgemacht. Einen Anhaltspunkt aber gibt Hebel selbst, der in einem Brief an Hitzig aus seiner Vorlage zitiert: »weil ich denn nun gar nichts habe / was ich euch sonst bieten kann, / seht ich bin ein hübscher Junge / nehmt mich zum Rekruten an«[17], und dann anmerkt: »Gerade diese Cantate war es, nach welcher ich [...] zu der darauf gesetzten Musik eine neue Cantate [...] verfertigen mußte.«[18]

Wenngleich der im folgenden mitgeteilte Text eine Gelegenheitsdichtung ist und sicher nicht zu dem Gelungensten im Hebelschen Werk gehört, so vermag er doch vor Augen zu führen, wie stark Hebel in das geistig-kulturelle Leben in Karlsruhe involviert war. Zudem zeigt der Text – und das könnte eingehender ausgeführt werden – daß Hebels viel diskutierte poetische Sehnsucht nach dem antiken Polytheismus sehr wohl vereinbar gewesen ist mit seinem monotheistischen christlichen Glauben.[19] Den »guten« und »holden Göttern« weiht Hebel hier »Tempel und Altäre«. Die Parallelität zu der oft diskutierten Passage aus Hebels sog. ›Polytheismusbrief‹[20] ist

---

[14] Und zwar in: J. P. Hebel's Werke. Zweiter Band, Karlsruhe 1843, S. 159–168. In der ersten ›Gesamtausgabe‹, in den ›Sämmtlichen Werken‹, 8 Bde., Karlsruhe 1832–1834, findet sich die Kantate nicht.
[15] Vgl. Max Dietz, Art. Winter, Peter von, in: Allgemeine Deutsche Biographie (ADB), hg. durch die historische Commission bei der Königlichen Akademie der Wissenschaften, 56 Bde., Berlin 1875–1912 (Nachdr. Berlin 1971), hier: ADB 43, S. 470–474.
[16] Vgl. Dommer, Art. Brandl, Johann, in: ADB 3, S. 250.
[17] Hebel, Briefe, S. 415.
[18] Ebd.
[19] Vgl. J. A. Steiger, Bibel-Sprache, Welt und Jüngster Tag bei Johann Peter Hebel. Erziehung zum Glauben zwischen Überlieferung und Aufklärung (= Arbeiten zur Pastoraltheologie 25), Göttingen 1994, S. 330–341.
[20] Vgl. Hebel, Briefe, S. 417: »Ich gestehe dir – denn eine Beicht unter Freunden ist so heilig, als die am Altar, daß er [scil. der Polytheismus; A. S.] mir immer mehr einleuchtet, und nur die Gefangenschaft, oder Vormundschaft, in welcher uns der

frappierend. Und es ist sicherlich kein Zufall, daß Hebel Hitzig gegenüber just in demselben Brief, in dem er ihm von der Abfassung des Kantatentextes berichtet, auch seinen Hang zur antiken Göttervielfalt offenbart.

Hebel verehrt in seiner Kantate die »Göttinn Freundschaft«, die mit den Musen in das Museum einziehen möge. Doch unversehens schwenkt das Lob der antiken Götter-Pluralität dann um in die singularische Rede von »Gottes Segen« und in die Artikulation der eschatologischen Hoffnung, daß Gott das Morgenrot des neuen Himmels und der neuen Erde heraufführen wird, ewiger Friede Wirklichkeit werden und Gott durch den Jubelgesang der Seligen gelobt und verherrlicht werden wird: »Im Sternenschimmer hält die Wage / Der Zukunft eine feste Hand, / Und weckt das Frühroth goldner Tage / Für Menschheit und für Vaterland. / Dann kehren heim in ihre Hallen / Die blut'gen Fahnen fern und nah, / Und statt des Krieges Donner schallen / Nur Friede und Hallelujah.« Wie in Hebels Aufsatz »Geister und Gespenster«[21] so ist auch in dieser Kantate der Hang zum Polytheismus Ausdruck der Sehnsucht des Menschen nach dem durch den Sündenfall verlorenen Pardiesesgarten, in dem sich die Götter sinnlich erfahrbar in der nächsten Nähe der Menschen aufhielten, und nach der verheißenen neuen Gottesnähe im himmlischen Reich am Jüngsten Tag, in der Gott in ganz ungeahnter Weise sinnlich erfahrbar werden wird.

Die Diskussion über das Thema ›Hebel und der Polytheismus‹ jedenfalls erhält nicht nur neuen Stoff, sondern auch eine neue Quelle.

---

angetaufte und anerzogene und angepredigte Glauben behält, hinderte mich bisher den seligen Göttern Kirchlein zu bauen.«
[21] Hebel, Sämmtliche Werke, Bd. 7, S. 235–246. Vgl. Steiger, Bibel-Sprache, a. a. O. (wie Anm. 19), S. 337. 344f (These 26).

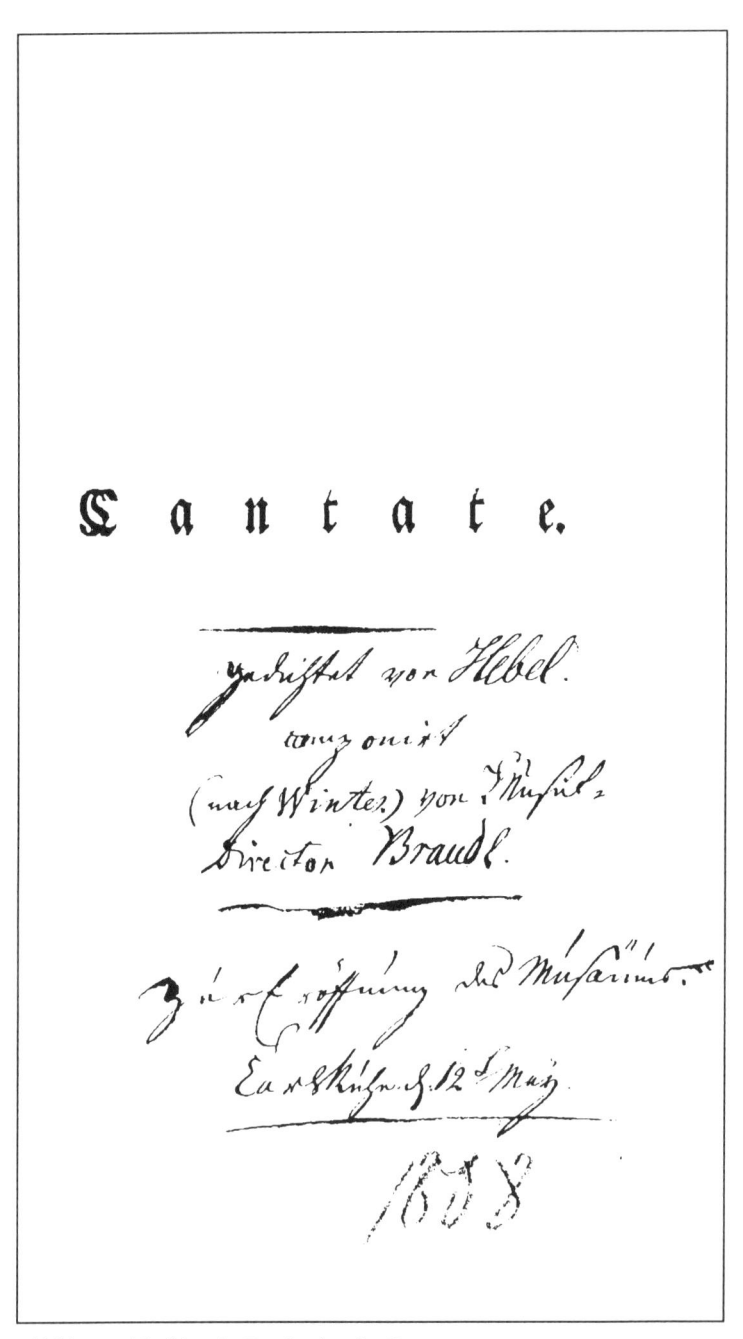

Abbildung 2: Titelblatt des Erstdruckes der Kantate

2. Text der Quelle

Varianten des Textes in der Werkausgabe 1843 [vgl. Anm. 14] sind im Apparat unter Verwendung des Siglums W nachgewiesen.

[S. 1]   C a n t a t e.[a]

---

[b]gedichtet von Hebel.
canzonirt
(nach Winter.) von Musik=
Director Brandl.

Zur Eröffnung des Musäums.
Carlsruhe d[en] 12. Maÿ.[b]

1808[c]

[S. 3[d]]   **Arie. Quartett.**

Lieblich kam der May hernieder,
Junge Rosen düften[e] wieder,
Und auf jedem Blüthenstrauch
Athmet süßer Liebe Hauch.

Froh besingen in den Wäldern
Tausend Zauberkehlen ihn,

---

[a] *W in neuer Zeile zusätzlich:* (Neuerer Text zu einer älteren Composition.)   [b–b] *Handschriftlich von unbekannter Hand*   [c] *Handschriftlicher Eintrag von anderer Hand, der fehlerhaft ist: Das Museum wurde nicht 1808, sondern 1809 eröffnet.*   [d] *S. 2: vacat*   [e] düften] *W:* duften

Und in den bethauten Feldern
Lacht der Saaten zartes Grün.

Holde Freude schallet wieder
In Gebirgen[f] auf der Flur,
Und es tönen frohe Lieder
In den Jubel der Natur.

[S. 4] **Recitativ.**

Die Blüthen düften[g] und Freude wirbelt in tausend Weisen. Aber der Mensch, so leicht zu befriedigen und so schwer, mit sehnendem Blick schaut ins Unendliche er,[h] ahnet Höheres in der zarten Brust. Die Düfte zerrinnen – die Lieder verstummen. – Ihm gnügen[i] nicht die fliehenden Horen – ihm ihre schönsten Geschenke nicht.

Arie. Sopran.

Was Menschenherz erfreuet,
Blüht nicht in Wald und Flur;
Zu Seligkeiten weihet
Ihn höhere Natur.

Mehr als des Zephyrs Fächeln,
Mehr als das goldne Glück,
Ist ihm der Freundschaft Lächeln,
Der Freundschaft holder Blick.

[S. 5] Dem lacht der Frühling immer,
Den sie, den sie beglückt;
Das Blümchen welket nimmer,
Das ihren Busen schmückt.

---

[f] *W zusätzlich:*,   [g] düften] *W:* duften   [h] Unendliche er,] *W:* Unendliche, er
[i] gnügen] *W:* genügen

Das Auge nur erfreuet
Die blüthenreiche Flur;
Zu edlern Freuden weihet
Die edlere Natur.

Zu süßen Freuden weihet
Die holde Freundschaft nur.

Recitativ.

Vom hohen Himmel wallt der Tag herab, der Tag, der Einigung und Weihe zu Freuden gab, die nicht dem Frühling nur entblühen, nicht mit dem Herbstwind fliehen, die nur der Mensch aus reichem Busen dem Menschen geben kann. Und Himmlische umschweben ihn. Traut *[S. 6^j]* dem geweihten Blick! Sein Haupt umkränzen Charitinnen, und süßes Angebinde legen die Musen in die Hand ihm. Zum freundlichen Geleite eilt Badens holder Genius den Himmlischen entgegen.

Arie. Tenor.

Sey in deinem Feyerglanze[k]
Tag[l] dem Wonne nur entsprießt,
Sey im reichen Blüthenkranze[m]
Lang ersehnter uns gegrüßt.

Muntre Scherze, Saitentöne,
Reigentanz'[n] umschweben dich.
Für das Große, für das Schöne
Oeffnen frohe Herzen sich.

Weisheit wandelt mit der Freude
Schwesterlich an treuer Hand,

---

[j] *Falsch paginiert: 9.* [k] Feyerglanze] *W:* Feierglanze, [l] *W zusätzlich* : , [m] *W zusätzlich* : , [n] Reigentanz'] *W:* Reigentanz

[S. 7]
Und vereinigt wirken beide°
Freundschaft^p dein geweihtes Band.

Seht mit festlichem Beginnen^q
Seht uns euern Tempel weih'n!
Holde Musen, Charitinnen^r
O, ziehet gerne bei uns ein!

Ernste Stunden bringt das Leben;^s
Doch die guten Götter weben
Milden Sinnes Rosen drein.

Seht mit festlichem Beginnen
Tempel und Altäre weihn^t!
Göttinn^u Freundschaft, Charitinnen,
Ziehet gerne bei uns ein!

Unter Dornen sproßt das Leben.
Himmlische, zieht bei uns ein!
Ihr nur flechtet Rosen drein.

[S. 8]
Terzett.

Sopran. Tenor. Baß.

Ha sie wallen nieder,
Bieten Hand und Kuß
Im Triumph der Lieder
Badens Genius.

Wo im Glanz der Kronen
Edle Fürsten thronen,
Sind die Götter gern,
Da sind die Götter gern.

Ha sie wallen nieder u. s. w.

° *W zusätzlich:* , ᵖ *W zusätzlich:* , ᑫ *W zusätzlich:* , ʳ *W zusätzlich:* , ˢ ;] *W statt dessen:* , ᵗ weihn] *W:* weih'n ᵘ Göttinn] *W:* Göttin

Unserm Bunde schimmert
Der Hoffnung goldner Stern,
Und die guten Götter
Weilen bei uns gern.

[S. 9] Dem mit Lorbeerkränzen
Sie das Haupt umzieh'n,
Milde Abendlüfte[v]
Wehet sanft um Ihn.

Von den Sternen nieder
Walle Segen über **Ihn**!
Betet fromme Lieder!
Gottes Segen über **Ihn**.

Große Herzen lohnen
Nicht der Erde Kronen.

Ihm lohne reine Liebe,
Uns're beßte[w] Liebe **Ihm**,
Der reinsten Liebe Wonne **Ihm**.

Oft sah er vorüber
Sturm und Wetter zieh'n,
Milde Abendlüfte
Wehet sanft um Ihn.

[S. 10] **Recitativ.**

Lange noch blicke **Er** huldreich auf diesen schönen Verein, **Er** und der **erhabene Enkel**, die Hoffnung künftiger Tage. Wie in des Phöbus Strahlen sich freu'n[x] die Kinder des Mays[y], so wird, sich sonnend an Ihnen, dieser Bund gedeihen und oft der Menschheit, oft dem Vaterland[z] freudige Feste weihen.

[v] *W zusätzlich:* ,   [w] beßte] *W:* beste   [x] freu'n] *W:* freuen   [y] Mays] *W:* May's   [z] Vaterland] *W:* Vaterlande

Arie. Baß.

Im Sternenschimmer hält die Wage
Der Zukunft eine feste Hand,
Und weckt das Frühroth goldner Tage
Für Menschheit und für Vaterland.

Dann kehren heim in ihre Hallen
Die blut'gen Fahnen fern und nah,
Und statt des Krieges Donner schallen
Nur Friede und Hallelujah.

[S. 11]   Dann schlinget neue Rosenbande[a]
Des Himmels gute Geister ihr[b]
Der Menschheit und dem Vaterlande,
Und viele Feste feyern[c] wir.

Recitativ.

So sey in trüber Tage Sturm für lange bessere Zeit der Menschheit schönstem Glück dies Haus geweiht. Hier finde oft der Freund den Freund[d] und was die Außenwelt getrennt, der Geist geeinigt hat, begegne hier, und kenne, und umarme sich.

Terzett.

Sopran, Tenor, Baß.[e]

Die du vom hohen Sonnenzelt
Bis in die Tiefen waltest,
Und in der Brust und in der Welt
Das schönere Seyn gestaltest,

---

[a] *W zusätzlich:* ,   [b] *W zusätzlich:* ,   [c] feyern] *W:* feiern   [d] *W zusätzlich:* ,   [e] Sopran, Tenor, Baß.] *W:* Sopran. Tenor. Baß.

[S. 12]　　　　Dein stiller Segen, Harmonie,
　　　　　　　Entweiche diesen Hallen nie!

　　　　　　　So heiter[f] wie die Morgenstunde
　　　　　　　Im reinen blauen Aether schwebt,
　　　　　　　Mit Scherz und Ernst im weisen Bunde
　　　　　　　Werd' jede Stunde hier verlebt.

　　　　　　　Hier öffne sich dem Zartgefühle,[g]
　　　　　　　Der Freundschaft, und der HimmelsLust[h]
　　　　　　　An Wahrheit, und dem muntern Spiele
　　　　　　　Die leichte, die gepreßte Brust.

　　　　　　　Hier schweige jede Lebensmühe
　　　　　　　In trauter Stunden Seligkeit!
　　　　　　　Und lange[i] lange steh und blühe
　　　　　　　Der Bund, den dieser Tag geweiht!

[S. 13]　　　　　　　**Tutti.**

　　　　　　　O seht, die holden Götter
　　　　　　　Mild lächeln dem Bunde
　　　　　　　Im freundlichen Blick.[j]

　　　　　　　Ihr Lächeln verkündet
　　　　　　　Ihm Segen und Wonne
　　　　　　　Verkündet ihm Glück.

　　　　　　　Unserm Bunde schimmert u. s. w.[k]

---

[f] *W zusätzlich:* , [g] *W fehlt Komma* [h] HimmelsLust] *W:* Himmelslust [i] *W zusätzlich:* ,
[j] *W hat hier keinen Absatz.* [k] u. s. w.] *Fehlt in W, statt dessen:* Der Hoffnung gold'ner
Stern, / Und die guten Götter / Weilen bei uns gern!

V
Der Konflikt zwischen Hebel und Johann Ludwig Ewald um die Einrichtung einer ›Biblischen Geschichte‹ für den Schulgebrauch

1. Die Ausgangssituation

Im Jahre 1813 wurde in Baden entschieden, die alte Bibelgeschichte von Johann Hübner[1], die seit fast hundert Jahren im Schulunterricht benutzt wurde, durch eine neue zu ersetzen. Über die Vorgeschichte der ›Biblischen Geschichten‹ Hebels ist bereits öfter geschrieben worden. Allerdings ergaben sich hierbei – auch aufgrund einer etwas einseitigen, auf Hebel fixierten Betrachtungsweise – historische Fehlurteile, die jetzt ausgeräumt werden können. Es lohnt sich also, die ganze Sache noch einmal neu aufzurollen und die in den verschiedenen Archiven mitunter undatierten und chronologisch ungenau eingeordneten Quellen erneut zu betrachten – gründlicher als bisher.

Johann Ludwig Ewald (1748-1822), der seit der Aufrichtung der Verwaltungsunion 1807 der erste Mann der reformierten Kirche in Baden war, hat im März 1813 ein Gutachten abgefaßt, in dem er im Hinblick auf eine neu einzuführende Biblische Geschichte nach Sichtung des bereits vorhandenen Materials vorschlägt, eine überarbeitete Fassung der Bibelgeschichte des Erlanger Theologen Georg Friedrich Seiler (1733-1807) zu diesem Behufe zu wählen. Ewald merkt allerdings sogleich an, daß das Seilersche Lehrbuch nur das geringste aller Übel darstelle. Interessant nun ist, daß Ewald eine eigene Bibelgeschichte[2] ins Gespräch bringt, wenngleich er auch sie als durchaus verbesserungswürdig bezeichnet.[3]

»**Gutachten über die, ad interim,** [a] **bis zu Einführung der neuen Schulplane neu aufzulegenden Hübnerischen Bibelgeschichte.**

Nach Pflicht und Gewißen kann ich auf eine neue Auflage der Hübnerschen Bibelgeschichte nicht eintragen, weil sie die schlechteste

---

Umgearbeitete Fassung von: J. A. Steiger, Johann Ludwig Ewald (1748-1822). Rettung eines theologischen Zeitgenossen (= Forschungen zur Kirchen- und Dogmengeschichte Bd. 62), Göttingen 1996, S. 143-153.

[1] Johann Hübner, Zweymahl zwey und funfftzig Auserlesene Biblische Historien Aus dem Alten und Neuen Testamente, Der Jugend zum Besten abgefasset, Leipzig 1731 (Reprint Hildesheim/Zürich/New York 1986).
[2] Johann Ludwig Ewald, Lesebuch für die Landschulen auch zum Gebrauche der Landleute in ihren Häusern. Erster bis Dritter Theil, Lemgo und Duisburg: Meyer 1788/1788/1793 (Lippische Landesbibliothek Detmold PP 761; LB Schwerin Dg 720). Teil 1 und 2 enthalten Ewalds erste Bibelgeschichte Alten und Neuen Testaments.
[3] LKA Karlsruhe GA 2707, Nr. 53.

unter allen ist. Ich würde etwas Überflüßiges thun, wenn ich dieß weitläufig zu beweisen suchte, da ohne Zweifel alle Glieder der verehrlichen Kommißion, so gut, wie ich, davon überzeugt sind. Solte der Beweis aber gefodert werden; so bin ich bereit, ihn überhinreichend zu führen. Aufrichtig muß ich zwar gestehen, daß ich auch unter den übrigen, mir bekannten, von Seiler, Henke, Scherer p keine finde, die mir ganz zwekmäßig für Kinder zu seyn scheint, die durchaus in[b] einem richtigern Gesichtspunkt gestaltet, denen die Geschichten vergegenwärtigt, popularisirt und ihrem Gemüth angeschmiegt werden muß, wenn sie gehörig wirken sollen. Eine [c] von einem Katholiken, Namens Wagner, die auch von der ehemaligen G[eneral] Studienkommißion vorgeschlagen ist, hat zwar große Vorzüge, vor allen, mir bekannten, selbst vor der, die ich selbst, für Landschulen bearbeitet habe. Aber der Verfaßer lebt noch; sie dürfte also demselben nach dem neuesten Landrecht, nicht nachgedrukt, [d] also müßte seine Einwilligung erst eingeholt, außerdem müßte sie für Protestanten, etwas überarbeitet [fol. 53v] werden, welches Alles zu umständlich seyn und den Druk weit hinausschieben mögte. Unter den schlechtern ist immer noch die Seiler'sche die beste. Seiler ist todt, also hat Niemand noch ein Recht, [e] gegen [f] einen Nachdruk zu protestiren. Wolte sich Einer von den verehrten Mitgliedern dieser Kommißion, die Mühe geben, sie durchzusehen und die, etwa nöthigen Abänderungen zu machen, oder wolte man dieß Geschäft einem, dazu geeigneten, nicht stark beschäftigten Geistlichen, mit Darlegung gewißer Grundsäze übertragen: so könnte noch eine Auflage von 2–3,000 Exemplarien gemacht werden.

Ewald.«

[a] *Gestrichen:* ne [b] in] *Über die Zeile geschrieben und eingefügt* [c] *Unlesbare Streichung*
[d] *Unlesbare Streichung* [e] *Gestrichen:* auf [f] *Gestrichen:* die

Der Vorschlag, Seilers Bibelgeschichte einzuführen, wurde nicht weiter verhandelt. Aber, was bisher nicht bekannt war: Über die Möglichkeit, Ewalds Detmolder Biblische Geschichte in Baden in den schulischen Gebrauch einzuführen, wurde sehr wohl verhandelt. Die dann folgende Auseinandersetzung zwischen Ewald und Hebel hatte zwei Phasen. Zuerst stritt man sich über Ewalds »Lesebuch für die Landschulen« und später erst über die Ewald aufgetragene Umarbeitung der katholischen Bibelgeschichte von Christoph von Schmid. In den bisherigen Untersuchungen zum Thema wurde zwischen beidem nicht unterschieden.

2. Der Streit um Ewalds Bibelgeschichte

Aus einem Gutachten Ewalds geht hervor, daß Hebel in einer Sitzung mündlich gegen Ewalds Detmolder Bibelgeschichte Einwände vorgetragen hat, die nicht überliefert sind und auf die Ewald nun schriftlich reagiert. Das undatierte Gutachten Ewalds muß in der Zeit zwischen Ende März 1813 und Juni 1814 abgefaßt sein. Daß es hier um Ewalds altes Lesebuch geht und nicht bereits um seine ihm im Juni 1814 erst aufgetragene Umarbeitung des Buches von von Schmid, geht klar aus dem Gutachten hervor, das Ewald – wie er versichert – nicht aus eigensüchtigen Beweggründen abgefaßt hat, »um mein biblisches Geschichtsbuch zu rechtfertigen«[4]. Die Quintessenz festhaltend, formuliert Ewald sein Gutachten abschließend: »Ich wiederhole noch Einmal: diese Erklärung geb' ich nicht, um mein Lesebuch diesem Land aufzudringen. Mir ist nur daran gelegen, daß bald, ein solches gemacht oder gewählt werde.«[5]

Wie sich aus Ewalds Gutachten unschwer rekonstruieren läßt, da es an Hebels Kritikpunkten entlanggehend sich aufbaut, hatte Hebel vor allem darauf aufmerksam gemacht, daß sich Ewalds ›Lesebuch für die Landschulen‹ sehr weit vom vertrauten Ton der Luther-Bibel entfernt habe. Ewald repliziert, daß er dies u. a. auch in seinen Predigten absichtlich und aus pädagogischem Interesse heraus getan habe, um unverständliche Wörter und Wendungen zu erklären. »Ich bekenne mich freimüthig zu dieser Sünde, und muß sogar gestehen, daß ich sie ganz absichtlich, und auch, in Predigten begangen habe.« Seine lange Erfahrung nämlich habe gezeigt, »daß von Vielen, Einzelne Ausdrüke und Redensarten der Bibel, nicht verstanden, oder ganz mißverstanden werden, die sie viele hundertmal gehört, und nachgesprochen, und mit unter weil sie die Ausdrüke so oft gehört und nachgesagt haben, die Ausdrüke: Buse, Himmelreich, Rechtfertigung, neue Geburt, Geist, Waßer und Geist, Täufer, Vorläufer,

---
[4] LKA Karlsruhe GA 2707, 68.
[5] Ebd.

Heiland […] versteht das Volk durchaus nicht oder falsch, wenn man sie ihm nicht erklärt […] Ich bin in der Bibelgeschichte und in Predigten diesen Worten, aus diesem Grund ausgewichen, und habe Andere dafür gebraucht, die […] von unserm Volk, nicht so leicht mißverstanden, oder ohne etwas dabei zu denken, hingesagt werden können.« Den berechtigten Vorschlag, solche Ausdrücke der Luther-Sprache nicht einfach zu ersetzen, sondern sie jeweils kurz parenthetisch zu erklären – eine Methode, die Hebel später mit Bravour in seiner Bibelgeschichte angewandt hat – lehnt Ewald hier etwas vorschnell ab. »Es wurde in der Seßion gesagt: ›Man erkläre dann diese Ausdrüke!‹ aber ich bitte: was soll uns denn ein Buch, das für Kinder hauptsächlich geschrieben ist, und in dem doch so vieles wieder erklärt werden muß?«

Hebel hatte Ewald vorgeworfen, er bringe die Kinder von der Bibel ab, wenn sie nicht mit dem Ton und der Sprache der gebräuchlichen und weitverbreiteten Luther-Bibel bekannt gemacht würden. Ewald jedoch verwahrt sich hiergegen und stellt heraus, daß er nie einen Zweifel daran habe lassen wollen, daß allein die Bibel »Quell alles Lichts, alles Trosts, aller Gewißheit und aller Beruhigung« sei. Allerdings genehmigt sich Ewald eine größere Freiheit dem Luther-Wortlaut gegenüber, indem er, Buchstaben und Inhalt recht stark trennend, behauptet, daß »das Beßernde, Stärkende, Erhebende der Bibel, also sie selbst, nicht in den Worten, sondern in den Sachen, Geschichten, Lehren und Vorschriften zu finden« sei. Ewald kommt daher zu dem Fazit, von dem er auch in der Folge nie abgelassen hat: »Bei keinem Kind macht Bibelgeschichte, den gehörigen Eindruk, wenn er [scil. der Lehrer; A. S.] sie blos mit Luthers, also mit fremden Worten erzält und erzälen kann. Er muß sie in seiner eigenen Sprache vortragen.« Daß es zu einem sprachbildenden Prozeß der Aneignung der Luther-Sprache in durchaus freier Weise kommen könnte, bezieht Ewald hier nicht in seine Reflexionen ein.

Festzuhalten bleibt, daß schon in diesem nur fragmentarisch in den Quellen dokumentierten ersten Streit zwischen Ewald und Hebel nicht das reformatorische Schriftprinzip zur Disposition steht – auch bei Ewald nicht. Dennoch ist unübersehbar, daß Hebel in seiner Wertschätzung der vertrauten, zum Sprachschatz der Menschen gewordenen Luther-Sprache, die es auch für eine Bibelnacherzählung zu bewahren gelte, in seiner hermeneutisch hochreflektierten Luther-Rezeption bereits weitergekommen ist als Ewald.[6] Ewald tendiert dazu, die Inhaltlichkeit der Bibel zu sehr vom Buchstaben und der Frage nach der Art und Weise der sprachlichen Vermittlung zu abstrahieren. Er läuft Gefahr, sich der Frage nicht wirklich zu stellen, wie es gelingen könne, über eine Erklärung der unverstandenen Dinge durch Synonyma auch zu einer neuen Anverlobung der jetzt besser verständlichen Luther-Sprache selbst hindurchzudringen. Merkwürdigerweise bleibt Ewald hier auch recht inkonsequent hinter dem zurück, was er über die seelsorgliche und pädagogische Bedeutung der fest geprägten und vertraut gewordenen Choräle sagt, die er – besonders die Choräle Luthers – in ihrem alten Sprachduktus erhalten wissen will. Anscheinend war Ewald nicht gewillt oder fähig, diese hymnologische Einsicht in seiner bibelpädagogischen Arbeit hermeneutisch zu applizieren. Wenngleich sich Ewald immer wieder an den entscheidenden Angelpunkten seiner Theologie zu einer besonders für einen reformierten Theologen erstaunlichen Luther-Rezeption durcharbeitet, so spiegelt sich in seinem eher gleichgültigen Verhältnis zur Sprache der Luther-Bibel vielleicht doch sehr stark seine reformierte Herkunft. In dieser Frage jedenfalls hat Hebel das weitaus sicherere Urteil.

Andererseits wiederum ist Ewalds Luther-Rezeption bereits höher reflektiert als die seines lutherischen Kollegen Hebel, nämlich in der Frage der Kontextualität der Bibel. Hebel hatte bezweifelt, daß es den von Ewald behaupteten, allen biblischen Büchern zugrundeliegenden Erziehungsplan Gottes gebe, der den inneren Zusammenhang der biblischen Texte konstituiert. Ewald belehrt Hebel, daß diese Aussage nicht erst seit Johann Jacob Heß zu einem fest geprägten Theologumenon geworden ist[7], sondern daß sich z. B. auch in der

---

[6] Vgl. J. A. Steiger, Bibel-Sprache, Welt und Jüngster Tag bei Johann Peter Hebel. Erziehung zum Glauben zwischen Überlieferung und Aufklärung (= Arbeiten zur Pastoraltheologie 25), Göttingen 1994, bes. S. 307–329. 342–345 und passim.
[7] Ewald bezieht sich hier auf: Johann Jacob Heß, Von dem Reiche Gottes. Ein Versuch über den Plan der göttlichen Anstalten und Offenbarungen, Zürich ³1796 (1774) (WTS Heidelberg S Bh 33). Schon im Einleitungskapitel entfaltet Heß seine sein ganzes Buch durchziehende Grundidee, »daß es eine zusammenhangende Reyhe göttlicher Führungen nach einem bestimmten und überschaubaren Entwurfe« (S. 21) gebe. Dies ist der systematische Ansatz Heß', der sich allein aus der Bibel speist (S. 19) und Freiheit dem dogmatischen System-›Zwang‹ gegenüber für sich beansprucht (– hierin liegt eine Gemeinsamkeit Ewalds mit Heß, aber auch die Gefahr einer ge-

reformierten Föderaltheologie, die den Bund zwischen Gott und Mensch sehr stark in den Vordergrund hebt, Vergleichbares finde, da »unsere größten Theologen, wenn sie diesen Punkt berührten, von den Zeiten an, wo man noch von einem Werk= und Gnadenbund sprach, bis auf die unserigen, wo man von einem göttlichen Erziehungsplan spricht, dieß behauptet haben; da besonders Heß, in seiner Schrift: vom Reich Gottes, so viele Gründe dafür, aus der Bibel selbst, vorgebracht hat, daß es schwer abzusehen ist, wie sie widerlegt werden können, was auch noch Niemand versucht hat.«

Ewald führt eine ganze Reihe von Luther-Zitaten an, um Hebel die Notwendigkeit aufzuzeigen, der Zusammengehörigkeit und Kontextualität der beiden Testamente und der biblischen Texte insgesamt, die sich gegenseitig erklären, große Beachtung zu schenken. »›Die Schrift ist wie ein Ring,‹ sagt Luther, ›wenn der an Einem Ort bräche, wär' er nimmer ganz.‹ – ›Es ist kein Wort im N.T, das nicht hinter sich sähe, in das Alte. Durchs Evangelium sind die Propheten aufgethan. Wir sollen hinterrück laufen, und das Neue aus dem Alten gründen; wir müssen zurükstudieren, und aus dem Neuen das Alte lernen.‹ – ›Wir sind oft wie eine Magd, die mitten in Blumen säße, und keine wolte abbrechen, und einen Kranz daraus flechten.‹«[8] An diesem Punkt konnte Hebel, der Lutheraner, über Luther gewiß etwas von dem reformierten Ewald lernen. Und Hebel hat dies offensichtlich zugestanden, denn seine Bibelgeschichte hat tatsächlich auf den inneren Zusammenhang der einzelnen Erzählungen große Rücksicht genommen. Hebel hat seinem Lesebuch einen biblischen Erzählfaden zugrundegelegt.[9] Ewald dagegen hat,

---

meinsamen Schwäche –), wenngleich die Abhängigkeit Heß' von der reformierten Föderaltheologie Johannes Coccejus' auf Schritt und Tritt sinnenfällig wird (vgl. zum Zusammenhang: J. F. Gerhard Goeters, Art. Föderaltheologie, Theologische Realenzyklopädie Bd. 11, S. 246–252). Im Auge zu behalten ist zudem, daß Heß ein bislang viel zu wenig gewürdigter Vorläufer Johann Christian Konrad von Hofmanns und der von ihm begründeten sog. Erlanger Schule ist.

[8] Die zitierten Luther-Passagen finden sich (der Reihenfolge nach): Werke, Weimarer Ausgabe (zit.: WA) 54, S. 158, Z. 12f (nicht ganz wörtlich); WA 10, I/1, S. 181, Z. 20f; WA 12, S. 274, Z. 27f; WA 17, II, S. 317, Z. 24f (vgl. WA 15, S. 801, Z. 12–14); WA 17, II, S. 319, Z. 16f (vgl. WA 15, S. 802, Z. 1f). Für diese Information danke ich Frau Dr. Ursula Stock, Institut für Spätmittelalter und Reformation in Tübingen.

[9] Vgl. zum christologischen Erzählfaden in Hebels Bibelgeschichte: Reinhard Wunderlich, Johann Peter Hebels ›Biblische Geschichten‹. Eine Bibeldichtung zwischen Spätaufklärung und Biedermeier (= Arbeiten zur Religionspädagogik 7), Göttingen

was Hebels Erinnerung an die hermeneutische Relevanz der Luther-Bibel anlangt, die Bedeutung also des Buchstabens, von der der biblische Inhalt nicht abstrahiert werden kann, nicht von Hebel gelernt. Sein hohes Alter mag hier mitunter eine Rolle gespielt haben.

3. Der Streit um von Schmids Bibelgeschichte und deren Bearbeitung durch Ewald

In der Folge wurde davon abgesehen, Ewalds Lesebuch für den Schulgebrauch in badischen Landen umzuarbeiten. Ewald erhielt vielmehr per Erlaß der evangelischen Prüfungskommission von der Evangelischen Sektion beim badischen Innenministerium den Auftrag, die katholische Bibelgeschichte von Christoph von Schmid einer Umarbeitung zu unterziehen.[10] Bereits vier Wochen später, am 31. 8. 1814, legte Ewald der Kirchen- und Prüfungskommission den ersten Teil seiner Bearbeitung vor: »Meinen verehrten Herrn Kollegen in der Prüfungs= und Kirchenkommißion, lege ich hierbei das Erste Heft von der überarbeiteten Schmidtischen Bibelgeschichte, zum Durchsehen und mittheilen Ihrer Bemerkungen, vor.«[11] Ziemlich deutlich gibt Ewald jedoch zu erkennen, daß er nicht bereit sei, etwaigen völlig anderen pädagogischen und theologischen Gegenmeinungen durch eine erneute umfangreiche Neubearbeitung Rechnung zu tragen: »Würde aber Einer oder der Andere meiner Herrn Kollegen, es für seine Pflicht halten, etwas nach seiner Art ausgedrükt haben zu wollen, was ich nach meiner Art ausgedrükt habe […] daß eine neue Überarbeitung nöthig würde: so erkläre ich freimütig, doch sine ira et studio, daß ich alsdann die ganze Arbeit ablehnen, und sie einem Andern, meiner Herrn Kollegen überlaßen werde.«[12]

Daß viele Köche den Brei verderben müssen, hatte bereits Hebel erfahren müssen, der über die ihm aufgetragene Bearbeitung des

---

1990, S. 302 und zum schöpfungstheologischen Erzählfaden des Buches der Natur: Steiger, Bibel-Sprache, a. a. O. (wie Anm. 6), S. 89–93.
[10] GLA Karlsruhe 243/740, 30. 7. 1814.
[11] LKA Karlsruhe, GA 2707, 31. 8. 1814.
[12] Ebd.

Herderschen Katechismus gestolpert war[13], woran Ewald sicher nicht ohne Grund abschreckend erinnert: »Ich glaube aber auch, es erklären zu müßen, da ich die Akten von Bearbeitung des Herderschen Katechismus gelesen habe. Vestigia me terrent.«[14] Zunächst ließ man Ewald an seinem Auftrag weiterarbeiten, und erst ein halbes Jahr später ergriff Hebel erneut das Wort und artikulierte seine grundsätzliche Kritik an der Vorlage der Ewaldschen Umarbeitung, nämlich an der Schmidschen Bibelgeschichte selbst: Reichlich spät, da man längst beschlossen hatte, Schmid als Gegenstand einer Neubearbeitung zu wählen. Erst jetzt benennt Hebel jedoch seinen hauptsächlichen Kritikpunkt: daß nämlich der bewahrenswerte Ton der Luther-Bibel naturgemäß verlorengehen müsse, wenn man eine katholische Bibelnacherzählung zur Grundlage für eine Umarbeitung für evangelischen Gebrauch wähle: »Der ganze lutherische Bibeltext ist aus dieser Bibelgeschichte bis auf die lezte Spur verschwunden, und ich spreche hier mein Geständniß aus, daß alles, was in einem solchen Buch, mit Worten der Bibel gesagt werden kann, mit keinem [!] andern gesagt werden sollte. Sie sind nicht nur lebendig, u. kräftig, auch noch in Luthers Übersetzung. Sie sind auch für eine große Menge die einzige Bürgschaft für die Warheit u. Heiligkeit der Geschichte, und das Volk glaubt so leicht etwas Anderes zu hören, wenn es das Nemliche nimmer mit den nemlichen Worten hört. Wenn aber der Bibeltext in Luthers Wort nimmer gut ist, so machen wirs auch nimmer beßer.«[15]

Hebel, der sein ganzes Leben daran gearbeitet hat, die Luther-Sprache zum Konstituens seiner Poetik, Kalender-Prosa und Predigten zu machen, mußte dies der entscheidende Punkt sein, an dem alle – wie gut auch immer gemeinten – ökumenischen Anliegen an ihre Grenze stoßen müssen. Von einer »ächten und edlen Popularität«[16] könne bei Schmid nicht die Rede sein, vergleiche man sein Werk mit der Bibel, die für Hebel das »Muster der Popularität« ist. Überdies erlaube sich Schmid »viele Nachlässigkeiten im Stil« und fange hier und dort an, die biblischen Texte unbiblisch zu illustrie-

---

[13] Vgl. Steiger, Bibel-Sprache, a. a. O. (wie Anm. 6), S. 150f.
[14] LKA Karlsruhe, GA 2707, 31. 8. 1814.
[15] GLA Karlsruhe 234/740. Dieses Gutachten ist undatiert. Einstweilen gedruckt zugänglich in: Peter Katz, Ein Gutachten Hebels, in: ThZ 15 (1959), S. 267-287.
[16] GLA Karlsruhe 234/740.

ren. Zuweilen »supponirt [er] etwas, wozu wir, wenigstens wir Protestanten, keine Quellen haben«, so daß man an vielen Stellen fragen müsse:»Woher weist Du das?« Hebel kommt zu dem Schluß, es sei übereilt gewesen, daß man Ewald den Auftrag gegeben habe, die Schmidsche Bibelgeschichte umzuarbeiten.

In seinem Gegengutachten vom 7. 3. 1815 ist Ewald empört darüber, daß man in der Prüfungs- und Kirchenkommission offensichtlich der Meinung sei, daß man ihn, Ewald, über ein halbes Jahr mit einer Umarbeitung beschäftigen dürfe, um dann völlig verspätet bereits gefaßte Beschlüsse wieder anzufechten. Ewalds Empörung ist deswegen so groß, weil er die ihm ja offiziell aufgetragene Arbeit bereits zu Zweidritteln abgeschlossen hat. »Seit dieser Zeit, also seit mehr als 6 Monaten, hab' ich alle meine, mit laufenden Geschäften nicht ausgefüllte Zeit [...] auf die Umarbeitung dieser Geschichte verwendet. Schon 7 Hefte, die ganze Geschichte des sogenannten alten Testaments, und zwei Hefte vom neuen, haben bei den Gliedern der Prüfungskommißion, auch bei dem Herrn Kirchenrath Hebel zirkulirt.«[17]

Gleichzeitig erhellt aus diesem Gegengutachten, daß Ewald schon vor der von der Prüfungs- und Kirchenkommission ihm aufgetragenen Bearbeitung des Schmid im Auftrage des Herder-Verlages an einer Bibelgeschichte zum Gebrauch für Katholiken gearbeitet hat, die dann als Prachtbibel mit vielen Kupfern erschien.[18] Ewald hat die Arbeit an ihr im Interesse der protestantischen Bibelgeschichte zurückgestellt, obgleich die Arbeit für den Herder-Verlag ihm viel Geld einbrachte. »Ich hatte, um diese Arbeit schneller zu vollenden, sogar eine andere, mir von einem katholischen Buchhändler aufgetragene, sehr gut honorirte Bibelgeschichte vorerst zurückgelegt.«

Schon das zeigt, eine wie offenherzige, liberal-ökumenische Stimmung zu Beginn des 19. Jahrhunderts in Baden herrschte, die sich in konzentrierter Form in Ewalds Person spiegelt. Er bearbeitet eine katholische Bibelgeschichte für den Gebrauch im protestantischen Religionsunterricht und arbeitet gleichzeitig eine katholische Bibel-

---

[17] Ebd., 7. 3. 1815.
[18] Biblische Erzählungen des alten und neuen Testaments. Altes Testament. Erstes – Zwölftes Heft. Mit 100 Kupfern, Freiburg: Herder o. J. Biblische Erzählungen des alten und neuen Testaments. Neues Testament. Erstes – Zwölftes Heft. Mit 100 Kupfern, Freiburg: Herder o. J. (UB Freiburg L 3121, i).

geschichte für den Herder-Verlag aus. Zunächst hatte Ewald dem Verlag vorgeschlagen, einen »besonderen Text für Katholiken, neben dem meinigen schreiben zu laßen, wozu ich ihm den Profeßor Sailer in Landshut vorschlug«. Ewald nahm mit dem Ingolstädter Professor für katholische Theologie Johann Michael Sailer (1751–1832) Kontakt auf, der jedoch seinerseits ökumenisch genug gesinnt war, um zu antworten, »er begreife nicht, warum ein besonderer Text zu einer Bibelgeschichte, für Katholiken geschrieben werden solle, da die Bibelgeschichte doch weder protestantisch, noch katholisch sey«.

All dies hält Ewald Hebel vor, dem die ökumenische Begeisterung Ewalds – in diesem Ausmaße zumindest – unverständlich blieb. Während Hebel in seinem Gutachten keinen Grund sieht, eine katholische Bibelgeschichte zu wählen, sagt Ewald: »Der durchgreifendste Grund, ist ganz einfach, weil gerade Protestanten, als solche, den Grundsaz haben, wenigstens haben solten, ›Alles zu prüfen und das Beste zu behalten,‹ [scil. 1Thess 5,21; A. S.] und weil ich so lange behaupten werde, daß die Schmidtische Bibelgeschichte, ohnerachtet ihrer Auswüchse, die beste sey, die wir haben, bis man mich mit einer beßeren bekannt macht.« Unprotestantisch dagegen sei es, wenn man aus konfessionalistischen Gründen eine schlechte protestantische einer besseren katholischen Bibelnacherzählung vorziehe. Noch einmal legt Ewald ein Plädoyer für Schmid ab, der mit der Herzlichkeit und Kindlichkeit seines Erzähltons selbst Ewalds eigene Bibelgeschichte aus Detmolder Zeit weit übertreffe. Was Hebels die Luther-Sprache betreffende Hauptkritik angeht, so antwortet Ewald mit den aus der ersten Phase des Streites bereits bekannten Gegengründen. Bei aller Schärfe in der sachlichen Diskussion jedoch äußert Ewald immer wieder im Verlauf des Streites seine tiefe Verbundenheit mit Hebel.[19] Dennoch läßt es Ewald sich nicht nehmen, mit aller Vehemenz über die »Zumuthung« seiner Kollegen zu klagen, »die voraussezt, daß wir Alle, sehr übereilt gehandelt haben als wir Schmidts Bibelgeschichte wälten, und daß ich meine Zeit nicht beßer zu nuzen wiße, als ein halbes Jahr,

---

[19] »[...] weil ich meinen Herrn Collegen Hebel schäze und liebe, ihn auch, ohnerachtet der Verschiedenheit der Meynungen, über Schmidt und Geschäftsgang, immer schäzen und lieben werde.«

mühsam etwas zu bearbeiten, was, wie hintennach, ein Mitglied eines Collegii findet, nicht gebraucht werden kann«.

Ewald hatte sich jedoch nicht nur gegen Hebel zu verteidigen, sondern kämpfte an mehreren Fronten, z. B. auch gegen Jakob Friedrich Gerstner, der zwar in der Ablehnung des Schmid-Projektes mit Hebel einig war, jedoch aufgrund von ganz anderen Voraussetzungen zu ihr gelangt war. Gerstner war ein Rationalist, wie man ihn sich nicht konsequenter und typischer vorstellen kann. Er lehnte die Schmidsche Bibelnacherzählung deswegen ab, weil in ihr keine »zwekmäsige Auswahl der zwar edlen, aber oft noch sehr unvollkommenen Denkmale der Religiosität und des Jugendeifers eines früheren Menschengeschlechtes«[20] gewährleistet sei. Ganz im Geiste Johann Salomo Semlers plädiert Gerstner für eine streng unter moralischen Gesichtspunkten getroffene Auswahl nur solcher alttestamentlicher Geschichten, die »Triebfeder ihrer [scil. der Kinder; A. S.] Handlungen werden kann«. Die alttestamentlichen »Begebenheiten und Handlungen streng moralisch [zu] beurteilen«, müsse daher erstes Gebot sein. So stellt Gerstner eine ganze Liste von solchen Geschichten auf, die ihres ›unmoralischen‹ Inhalts wegen ausgeschieden werden müßten und nicht mehr erzählt werden dürften: z. B. die Geschichte von der Vertreibung Hagars und Ismaels und die Esther-Geschichte. Und auch die »Wunder, die mit reineren Religionsbegriffen unvereinbar sind«, dürften nicht erwähnt werden. Völlig unerträglich ist es Gerstner zudem, daß Ewald in der Geschichte von dem Besuch der drei Männer bei Abraham im Hain zu Mamre (Gen 18) eine typologische Vorabbildung der Menschwerdung des Logos erkennt. Zudem hatte Gerstner noch weniger Manieren, als Hebel in dieser Sache an den Tag gelegt hat: Denn er artikulierte seine Kritik an der zu bearbeitenden Vorlage erst, nachdem Ewald die gesamte Umarbeitung schon abgeschlossen und sein Werk schon die zweite Zirkulation hinter sich gebracht hatte.

Indes war auch die Streitsache mit Hebel noch nicht ausgeräumt. Denn dieser antwortete ausführlich auf Ewalds Gegengutachten und mahnte an, daß es nicht zuvörderst um Termine und zu beklagende Verspätungen gehen könne, sondern um die Sache selbst und um

---

[20] LKA Karlsruhe, GA 2707, 57.

(wenn auch spät gewonnene) bessere Einsicht.[21] Er habe seine Kritik deswegen so lange zurückgehalten, weil er erst in der Ewaldschen Bearbeitungsweise des Neuen Testaments gemerkt habe, »wie Hr. Kirchenrath Ewald gegen die Auswüchse und Mißgriffe [scil. Schmids; A. S.] [...] schonender zu werden schien, als im A. T. geschah«. Noch einmal antwortete Ewald schriftlich auf Hebel mit »Noch ein Paar Worte[n], zu den Paar Worten meines Herrn Collegen Hebel«[22]. Daraufhin wurde am 5. 4. 1815 entschieden, Ewald vorzuschlagen, seine die während der zweiten Zirkulation laut gewordenen Veränderungsvorschläge berücksichtigende Umarbeitung zu vollenden, um dann erneut in dieser Sache zu verhandeln. Diesen Vorschlag jedoch verbittet sich Ewald, »da ihm nach Billigkeit, nicht zugemuthet werden kann und wird, es auch seiner ganzen Natur zuwider ist, nach einer, vielleicht ganz vergeblichen, sechsmonatlichen Arbeit, noch mehrere Monate, auf's Ungewiße zu arbeiten, am Wenigsten aber, eine Arbeit vorzunehmen, die nicht blos Fleiß und Achtsamkeit, sondern Lust und Freude an dem Geschäft erfordert, die natürlich bei solchen Beschwehrungen, unmöglich ist«[23].

Und, was bisher nicht bekannt war: Ewald gewann die Streitsache gegen Hebel – zunächst jedenfalls. Denn am 13. 5. 1815 wurde Ewald per »Erlaß der evangel. Kirchen- und Prüfungs=Commission«[24] aufgetragen, seine Arbeit zu vollenden, damit das Lesebuch dann in die Schulen eingeführt werden könne. Ewald schloß seine Arbeit ab, erntete jedoch von neuem Kritik: von Jakob Friedrich Zandt, der sich nicht zurückhalten konnte, Ewalds zugegebenermaßen in einigen Hinsichten merkwürdige Orthographie zu kritisieren. Ewald fühlte sich auf oberlehrerhafte Weise wie ein »Sekundaner« behandelt und antwortete: »Ein Mann von meinen Jahren, der seit mehr als 40 Jahren, als Schriftsteller, in ganz Deutschland bekannt ist, und an dem man oft, besonders seine Darstellungsgabe gerühmt hat. – ich darf es hier sagen, weil ich es sagen muß – dürfte doch wol, von dem Zartgefül seiner Kollegen erwarten, daß sie ihm

---

[21] »Ein eigenes Urtheil über einen Gegenstand zu haben, wenn es auch dem mehrzäligen oder einstimmenden Urtheil des Publikums, oder einer gelehrten Parthie, oder eines Collegii ganz entgegen seyn sollte, muß erlaubt sein.« Hebel, Noch ein paar Worte, GLA Karlsruhe 234/740, undatiert.
[22] Ewald, Noch ein Paar Worte, zu den Paar Worten, GLA Karlsruhe 234/740.
[23] Ebd., 20. 4. 1815.
[24] Ebd., 13. 5. 1815.

seine Rechtschreibung ließen.«[25] Als man entschied, Ewald eine erneute, dritte Überarbeitung aus orthographischen Gründen abzuverlangen, riß Ewalds Geduldfaden, und er trat – der letzten Lust, ein Kinderbuch zu verfassen, verlustig gegangen – von dem Projekt der Bibelgeschichte zurück.[26]

»An die Evangelische Prüfungs= und Kirchenkommißion.

Ich müßte mir vorwerfen, daß ich die, so nöthige und so lange verzögerte Einführung einer Bibelgeschichte für die Trivialschulen dieses Landes, auch an meinem Theil, noch verzögerte, wenn ich nicht die sämmtlichen, zur Schmidtischen Geschichte gehörigen Materialien, der Evangelischen Kirchenkommißion übergäbe, wie es hierdurch, in den Paketen A und B, so wie in zwei Akten Faszikeln geschieht. Da meine Herrn Kollegen, erst, nachdem der größte Theil derselben schon zweimal überarbeitet war, also abermals so spät, auf einer nochmaligen Überarbeitung derselben bestehen, weil die, mir gewöhnliche Orthographie, von ihnen nicht gebilligt wird, diese dritte Überarbeitung, mir aber aus den, in meinem lezten Voto angeführten Gründen nicht, und jezt um so weniger zugemutet werden kann, da ich seit einiger Zeit, sehr an Augenschwäche leide, die, durch eine so mechanische, mir natürlich, sehr unangenehme Arbeit, zu vermehren, wol Niemand gegen seine eigene Ansicht, zugemutet werden kann; so bitte ich, dieß Geschäft, so wie überhaupt, die ganze Überarbeitung, einem Andern, meiner Herrn Kollegen, zu übertragen, indem ich freimütig beteure, daß mir durch den ganzen Gang des Geschäfts, auch alle Lust dazu, und jene Freudigkeit, genommen ward, die zum Abfaßen einer Schrift für Kinder, unentbehrlich ist. Dem, bei der Kirchenkommißion, neuerlich eingeführten Geschäftsgang kann dieß nicht entgegen seyn, da das Referat, über die neuen Perikopen, erst kürzlich, sogar ohne mein Vorwißen, mir abgenommen, und einem andern Referenten, gegeben worden ist. K[arls]ruhe am 20. Sept. 1816.

                                                    Ewald.«

---

[25] LKA Karlsruhe, GA 2707, 59.
[26] Ebd., 20. 9. 1816.

Seine fertiggestellte Umarbeitung des Schmid indes erschien im Herder-Verlag in Freiburg i. B. – parallel zu der anderen Bibelgeschichte, die Ewald im Auftrag desselben Verlages geschrieben hat – und konnte im dortigen Verlagsarchiv samt zwei Übersetzungen aufgespürt werden.[27] Am 16. 5. 1818 wurde dann Hebel die Ausarbeitung eines biblischen Lehrbuchs aufgetragen. Das Werk erschien im Dezember 1823 bei Cotta, mit dem Jahreszahleindruck ›1824‹.

---

[27] Ewald, Biblische Geschichte des alten und neuen Testaments mit 120 Abbildungen, frei bearbeitet nach Christoph Schmidt. Erster Theil. Altes Testament. Zweiter Theil. Neues Testament. (2 Bde.) Zweite Auflage. Freiburg: Herder o. J. (Verlags-Archiv des Herder-Verlages Freiburg i. B.). Die noch von Christine Reents, ›Gute Mutterhand führt ihre Kinder frühe zur Gottseligkeit und zur Kirche an, wo Gott geehrt und sein Wort gelehrt wird‹, in: Dieter Jeschke (Hg.), Festschrift für Jürgen Fangmeier, Das Wort, das in Erstaunen setzt, verpflichtet, Zürich 1994, S. 263–292, hier: S. 266, Anm. 14 verschollen geglaubte Ewaldsche Bearbeitung des Schmid ist damit aufgefunden.

VI

Kalender, Kurzgeschichte und Predigt

Johann Peter Hebels ›Unverhoftes Wiedersehen‹

1. Text des ›Unverhoften Wiedersehens‹

Unverhoftes Wiedersehen.[1]

(Siehe die nebenstehende Abbildung.)

1 In Falun in Schweden küßte vor guten fünfzig Jahren und mehr ein junger Bergmann seine junge hübsche Braut und sagte zu ihr:
2 »Auf Sanct Luciä wird unsere Liebe von des Priesters Hand gesegnet.
3 Dann sind wir Mann und Weib, und bauen uns ein eigenes Nestlein.«
4 – und Friede und Liebe soll darinn wohnen,« sagte die schöne Braut mit holdem Lächeln,
5 dann du bist mein Einziges und Alles,
6 und ohne dich möchte ich lieber im Grab seyn, als an einem andern Ort.
7 Als sie aber vor St. Luciä der Pfarrer zum zweytenmal in der Kirche ausgerufen hatte:
8 *So nun jemand Hinderniß wüßte anzuzeigen, warum diese Personen nicht möchten ehelich zusammenkommen.«*
9 Da meldete sich der Tod.
10 Denn als der Jüngling den andern Morgen in seiner schwarzen Bergmannskleidung an ihrem Haus vorbeygieng,
11 der Bergmann hat sein Todtenkleid immer an,
12 da klopfte er zwar noch einmal an ihrem Fenster, und sagte ihr guten Morgen, aber keinen guten Abend mehr.
13 Er kam nimmer aus dem Bergwerk zurück,
14 und sie saumte vergeblich selbigen Morgen ein schwarzes Halstuch mit rothem Rand für ihn zum Hochzeittag,
15 sondern als er nimmer kam, legte sie es weg, und weinte um ihn und vergaß ihn nie.
16 Unterdessen wurde die Stadt Lissabon in Portugall durch ein Erdbeben zerstört,
17 und der siebenjährige Krieg gieng vorüber,

---

[1] Johann Peter Hebel, Sämtliche Schriften. Kritisch hg. von Adrian Braunbehrens, Gustav Adolf Benrath, Peter Pfaff, Bde. II/III, Karlsruhe 1990 (zit.: Hebel II bzw. III), Bd. V, Karlsruhe 1991 (zit.: Hebel V), hier: Hebel II, S. 281–284.

18 und Kayser Franz der erste starb,
19 und der JesuitenOrden wurde aufgehoben
20 und Polen getheilt,
21 und die Kaiserin Maria Theresia starb,
22 und der Struensee wurde hingerichtet,
23 Amerika wurde frey,
24 und die vereinigte französische und spanische Macht konnte Gibraltar nicht erobern.
25 Die Türken schloßen den General Stein in der Veteraner Höle in Ungarn ein,
26 und der Kayser Joseph starb auch.
27 Der König Gustav von Schweden eroberte russisch Finnland,
28 und die französische Revolution und der lange Krieg fieng an,
29 und der Kaiser Leopold der zweyte gieng auch ins Grab.
30 Napoleon eroberte Preußen,
31 und die Engländer bombardirten Koppenhagen,
32 und die Ackerleute säeten und schnitten.
33 Der Müller mahlte,
34 und die Schmiede hämmerten,
35 und die Bergleute gruben nach den Metalladern in ihrer unterirrdischen Werkstatt.
36 Als aber die Bergleute in Falun im Jahr 1809 etwas vor oder nach Johannis zwischen zwey Schachten eine Öffnung durchgraben wollten,
37 gute dreyhundert Ehlen tief unter dem Boden gruben sie aus dem Schutt und Vitriolwasser den Leichnam eines Jünglings heraus, der ganz mit Eisenvitriol durchdrungen, sonst aber unverwest und unverändert war;
38 also daß man seine Gesichtszüge und sein Alter noch völlig erkennen konnte, als wenn er erst vor einer Stunde gestorben, oder ein wenig eingeschlafen wäre, an der Arbeit.
39 Als man ihn aber zu Tag ausgefördert hatte,
40 Vater und Mutter, Gefreundte und Bekannte waren schon lange todt,
41 kein Mensch wollte den schlafenden Jüngling kennen oder etwas von seinem Unglück wissen,
42 bis die ehemalige Verlobte des Bergmanns kam, der eines Tages auf die Schicht gegangen war und nimmer zurückkehrte.

43 Grau und zusammengeschrumpft kam sie an einer Krücke an den Platz und erkannte ihren Bräutigam;
44 und mehr mit freudigem Entzücken als mit Schmerz sank sie auf die geliebte Leiche nieder,
45 und erst als sie sich von einer langen heftigen Bewegung des Gemüths erholt hatte,
46 »es ist mein Verlobter,« sagte sie endlich, um den ich fünfzig Jahre lang getrauert hatte, und den mich Gott noch einmal sehen läßt vor meinem Ende.
47 Acht Tage vor der Hochzeit ist er auf die Grube gegangen und nimmer gekommen.
48 Da wurden die Gemüther aller Umstehenden von Wehmuth und Thränen ergriffen, als sie sahen die ehemalige Braut jezt in der Gestalt des hingewelkten kraftlosen Alters und den Bräutigam noch in seiner jugendlichen Schöne,
49 und wie in ihrer Brust nach 50 Jahren die Flamme der jugendlichen Liebe noch einmal erwachte;
50 aber er öffnete den Mund nimmer zum Lächeln oder die Augen zum Wiedererkennen;
51 und wie sie ihn endlich von den Bergleuten in ihr Stüblein tragen ließ, als die einzige, die ihm angehöre, und ein Recht an ihn habe, bis sein Grab gerüstet sey auf dem Kirchhof.
52 Den andern Tag, als das Grab gerüstet war auf dem Kirchhof und ihn die Bergleute holten,
53 legte sie ihm das schwarzseidene Halstuch mit rothen Streifen um,
54 und begleitete ihn in ihrem Sonntagsgewand, als wenn es ihr Hochzeittag und nicht der Tag seiner Beerdigung wäre.
55 Denn als man ihn auf dem Kirchhof ins Grab legte, sagte sie:
56 »Schlafe nun wohl,
57 noch einen Tag oder zehen im kühlen Hochzeitbett,
58 und laß dir die Zeit nicht lange werden.
59 Ich habe nur noch wenig zu thun,
60 und komme bald,
61 und bald wirds wieder Tag.
62 – Was die Erde einmal wieder gegeben hat, wird sie zum zweytenmal auch nicht behalten,«
63 sagte sie, als sie fortgieng, und noch einmal umschaute.

Abbildung 3: Holzschnitt zum ›Unverhoften Wiedersehen‹

2. Interpretation

Die Heilige Schrift, der Katechismus, das Gesangbuch und der Kalender waren Gegenstand der Lektüre des ›einfachen‹ Menschen zur Zeit Hebels.[1] Schon darum besteht eine gewisse Affinität zwischen dem Kalender, zu dem Hebel die Beiträge lieferte, und der Bibel. Anhand des »Unverhoften Wiedersehens« (UW) soll die Bezugnahme auf biblische Texte und deren Neuversprachlichung untersucht und gezeigt werden, wie der Text des UW ein biblisches Konnotations- und Allusionsfeld aufbaut. Durch das UW erhält der Leser eine Leseanweisung und einen Leseanreiz für biblische Texte.

Diese Studie ist eine überarbeitete sowie teilweise gekürzte und teilweise ergänzte Fassung von: J. A. Steiger, Bibel-Sprache, Welt und Jüngster Tag bei Johann Peter Hebel. Erziehung zum Glauben zwischen Überlieferung und Aufklärung (= Arbeiten zu Pastoraltheologie 25), Göttingen 1994, S. 259–306.

[1] Uli Däster, Johann Peter Hebel. Studien zu seinen Kalendergeschichten, Aarau 1968, S. 27: »Es ist das Volk, das in jener Zeit außer Bibel, Gesangbuch und Kalender nur wenig Gedrucktes zu sehen bekam.«

Diese Intertextualität[2] von UW und Bibel vollzieht sich in einer Doppelbewegung, insofern als biblische Texte vom UW aus lesbar werden, sich aber auch von dieser biblischen Grundlage aus Leseperspektiven für das UW ergeben. Diese hermeneutische Doppelbewegung kommt im Vorgang der das UW mit der Bibel vergleichenden Textinterpretation zum Tragen. Gleichzeitig soll dargelegt werden, wie Hebel seine biblische Eschatologie im UW, der »schönste[n] Geschichte von der Welt«[3], narrativ umsetzt.

Der Eingangssatz ist durch eine Inversion geprägt und durch eine auffällige Stellung des Verbums. Die Imperfekt-Form »küßte« (v. 1) wird dadurch akzentuiert, daß sie von zwei adverbialen Bestimmungen gerahmt ist: »In Falun in Schweden« als Lokaladverbiale einerseits und die Wendung »vor guten fünfzig Jahren und mehr« als Temporaladverbiale andererseits. Das Subjekt des Satzes folgt erst jetzt (»ein junger Bergmann«) und zieht das Akkusativ-Objekt unmittelbar nach sich (»seine junge hübsche Braut«). Diese Inversion läßt das Verb »küßte« an den Anfang des Satzes treten und prägt es dem Leser ein. Hinzu kommt eine Inversion der beiden Adverbialbestimmungen. Eigentlich verlangt es die deutsche Sprache, zunächst die temporale und danach die lokale Bestimmung zu nennen. Diese ›Regel‹ wird hier absichtsvoll durchbrochen. Es heißt also nicht: ›Vor guten fünfzig Jahren und mehr küßte ein junger Bergmann in Falun in Schweden seine junge hübsche Braut.‹ Sondern durch die Inversionen viel fließender klingend formuliert Hebel: »In Falun in Schweden küßte vor guten fünfzig Jahren und mehr ein junger Bergmann seine junge hübsche Braut.«

Dadurch tritt das Verb »küßte« stark in den Vordergrund, und die direkte Abfolge von Subjekt und Objekt (»ein junger Bergmann seine junge hübsche Braut«) läßt die Zusammengehörigkeit der beiden Liebenden sichtbar werden. Das dem Bergmann zugeordnete Adjektiv ›jung‹ rekurriert als Adjektiv zum Objekt – der Braut. Diese beiden Dinge verbinden die beiden: ihre Liebe und ihre Jugend.

Kunstvoll ist es, wie der Text »des Priesters Hand« als pars pro toto für die ganze Zeremonie der Trauung in das Blickfeld rückt,

---

[2] Zum Thema der Intertextualität vgl. U. Broich und M. Pfister, (Hgg.), Intertextualität, Tübingen 1985.
[3] Ernst Bloch, Hebel, Gotthelf und bäurisches Tao, in: Ders., Gesamtausgabe Bd. 9, Literarische Aufsätze, Frankfurt a. M. 1965, S. 365-384, hier: S. 373.

kunstvoll aber auch, wie die beiden Teile des Dialogs zwar auf die beiden zukünftigen Partner verteilt sind, jedoch fließend ineinander übergehen. So führt die Braut die Rede des Bräutigams gleitend weiter, indem sie einfach mit parataktischem »und« fortfährt. Die Worte des Bräutigams sind mit »und sagte zur ihr« eingeleitet, diejenigen der Braut schließen jedoch unmittelbar an, und die Wendung »sagte die schöne Braut« wird in die wörtliche Rede eingeschoben. Somit entsteht eine fast chiastische Satzstruktur. Wie in v. 1 die enge Zusammengehörigkeit der beiden Liebenden in der unmittelbaren Subjekt-Objekt-Folge in der Textstruktur sichtbar wird, so auch hier im direkt sich fortsetzenden Redegang. Dieser fließende Übergang wird aber auch dadurch erreicht, daß die Braut das Stichwort »unsere Liebe« aus dem ersten Dialogteil aufgreift und es sich tautologisch in der Wendung »Friede und Liebe« wiederfindet.

Mittels biblischen Sprachmaterials wird in diesem Dialog der Hintergrund geschaffen, der das später gezeichnete eschatologischapokalyptische Szenario – die Rede von den letzten Dingen – kontrastiert. Denn es wird zunächst auf die biblische Urgeschichte Bezug genommen, die Protologie also thematisiert. So erscheint in UW 2 der Segen als Voraussetzung für das Zusammensein als »Mann und Weib« (v. 3). Damit könnte auf die Erzählung der Schöpfungsgeschichte und die charakteristische Formulierung ›und er schuf sie ein Männlein und Fräulein‹ (Gen 1,27; 5,2) angespielt sein. An beiden Stellen ist die Erzählung von der Erschaffung von Mann und Weib gepaart mit dem Segen Gottes (›Und Gott segnete sie‹) – ganz ähnlich wie in unserer Geschichte: »wird unsere Liebe von des Priesters Hand gesegnet. Dann sind wir Mann und Weib« (v. 2f). Der Text erhält so einen schöpfungstheologischen, protologischen Hintergrund, der den später folgenden Erzählzusammenhang der Endzeit (Eschaton), der Drangsal und der mit anfangenden Auferstehung beginnenden Neuschöpfung kontrastiert.

Dem »Mann und Weib« aus dem ersten Dialogteil folgt die Paarung der Wörter »Friede und Liebe« im zweiten. Diese Lexem-Paarung könnte eine Allusion an 2Kor 13,11 sein. Der ›Gott der Liebe und des Friedens‹ ist mit den jungen Leuten, wenn sie einander mit dem heiligen Kuß küssen (2Kor 13,12). Und so sollen Friede und Liebe in das »Nestlein« einziehen, das die jungen Leute wie der Vogel aus Ps 84,4 bei Gott in dessen Tempelvorhöfen gesucht haben. ›Meine Seele verlanget und sehnet sich nach den Vorhöfen des Herrn; mein Leib und Seele freuen sich in dem lebendigen Gott. Denn der Vogel hat ein Haus funden und die Schwalbe ihr Nest, da sie Jungen hecken nemlich deine Altäre, Herr Zebaoth / mein König und mein Gott. Wohl denen, die in deinem Hause wohnen, die loben dich immerdar. Sela‹ (Ps 84,3-5).

War die Braut in UW 1 noch mit den Adjektiven ›jung und hübsch‹ näher beschrieben worden, wird in v. 4 nun ein wenig Abwechslung geschaffen: Sie ist die »schöne Braut mit holdem Lächeln«. Dabei erinnert das Adjektiv ›hold‹ wiederum stark an den Sprachgebrauch der Lutherbibel.[4] Ausgehend von der Wendung »mit holdem Lächeln« rückt der sog. Hochzeitspsalm (Ps 45) in das Assoziationsfeld des UW. Die Worte des Brautliedes (Ps 45,1), mit denen der König angesprochen ist, beginnen im UW in der Beschreibung der Braut mitzuschwingen: ›Du bist der Schönste unter den Menschenkindern, holdselig sind deine Lippen; darum segne dich Gott ewiglich‹ (Ps 45,3). Wie in UW 4 findet sich hier in Ps 45,3 eine Kombination der Adjektive ›hold(-selig)‹ und ›schön‹. So ist aus der Beschreibung der holdseligen Lippen des Königs im UW die Darstellung des holden Lächelns auf den Lippen der Braut geworden, durch die an das Motiv des Kusses (UW 1) zurückerinnert wird. Außerdem weist die Beschreibung des Lächelns der Braut in antithetischer Weise voraus auf die Erzählung von der Wiederauffindung des Leichnams des Bräutigams, der »den Mund nimmer zum Lächeln oder die Augen zum Wiedererkennen (öffnete)« (v. 50).

Ein vorausverweisender Charakter der Erzählstruktur ist auch in v. 6 zu beobachten. Die Worte der Braut »und ohne dich möchte ich lieber im Grab seyn, als an einem andern Ort« spannen einen Bogen zu der biblisch-redundant geprägten Doppelung der Wendung »bis sein Grab gerüstet sey auf dem Kirchhof. Den andern Tag, als das Grab gerüstet war auf dem Kirchhof« (v. 51f) sowie zur Erzählung von der Grablegung in der Formulierung »als man ihn auf dem Kirchhof ins Grab legte« (v. 55), wobei hier wie in v. 51 und in v. 52

---

[4] Vgl. hierzu Luthers Übersetzung von Lk 1,28 (›Und der Engel kam zu ihr hinein, und sprach: Gegrüsset Seist du Holdselige, der Herr ist mit dir, du Gebenedeite unter den Weibern‹) und seine Reflexionen zu dieser Übersetzung in ›Ein Sendbrief D. M. Luthers. Vom Dolmetschen und Fürbitte der Heiligen‹, in: Luther, Werke, Weimarer Ausgabe 30/II, S. 632-646, bes. S. 638.

die beiden Lokalbestimmungen »Kirchhof« und »Grab« einander ergänzen. Dieser Spannungsbogen zeichnet sich durch das in ihm steckende Paradoxon aus. Es gibt zwar ein »ohne dich«, aber gerade nicht im Grab. Vielmehr ist das Grab die Erfüllung dessen, was einst mit einem Kuß begonnen hatte. Das Grab steht am Ende als weissagende Erfüllung des Verlöbnisses. Und es mündet dieser paradox-dialektische Rahmen in das wunderschöne Oxymoron des »kühlen Hochzeitbett[es]« (v. 57), in dem sich die Liebe paradox erfüllt.

Werfen wir von hier aus einen Blick auf die Gesamtkomposition des UW. Die Einführung des Folgenden mit »Als [...] aber« (v. 7) markiert einen Einschnitt, der in v. 36 genauso wieder auftaucht: »Als aber die Bergleute«. Damit ergibt sich für das Textganze eine kunst- und planvolle Komposition. Um den mit »Unterdessen« eingeleiteten ›Zeitraffer‹ (UW 16–35), mit dem 50 Jahre Weltgeschichte überbrückt werden, gruppieren sich mit UW 7–15 und UW 36–63 zwei Handlungsabschnitte von je zwei Tagen. Dabei verläuft die Zeitgrenze zwischen den beiden Tagen im ersten Handlungsblock (UW 7–15) in v. 10 und wird durch die Formulierung »Denn als der Jüngling den andern Morgen« im Text erkennbar gemacht. Der zweite Zwei-Tage-Block läßt die beiden Tage in v. 52 durch die Wendung »Den andern Tag« getrennt sein.

Auch hier schwingt der Sprachgebrauch der Lutherbibel mit, und es wird an die Temporal-Struktur des Johannes-Evangeliums erinnert. Denn auch dort korrespondieren zwei klar gegliederte Zeitblöcke miteinander: Ein Sechs-Tage-Schema zu Beginn des Evangeliums (Joh 1,19–2,1) und ein weiteres in Joh 12,1–19,42. Joh trennt diese Tage nicht durchgängig, aber doch sehr häufig durch das Temporal-Adverb »den andern Tag« (Joh 1,29; 1,35; 1,43; 6,22; 12,12). Das klare Kompositions-Schema des UW läßt sich graphisch so darstellen:

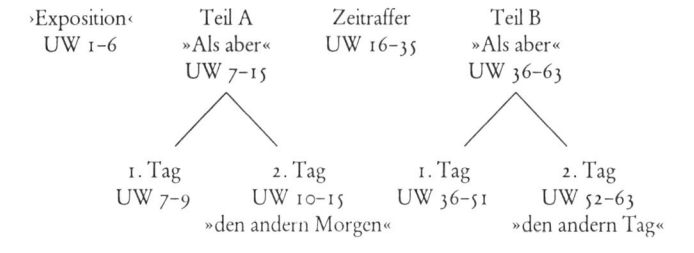

›Exposition‹	Teil A	Zeitraffer	Teil B
UW 1–6	»Als aber«	UW 16–35	»Als aber«
	UW 7–15		UW 36–63

1. Tag	2. Tag	1. Tag	2. Tag
UW 7–9	UW 10–15	UW 36–51	UW 52–63
	»den andern Morgen«		»den andern Tag«

Dieser spiegelbildliche Aufbau setzt sich auch in dem parataktisch geprägten Mittelteil des Zeitraffers UW 16–35 fort, wie sich später zeigen wird.

Die Erzählung erfährt in UW 7–9 eine starke Verdichtung, denn in der Formulierung »als sie aber vor St. Luciä der Pfarrer zum zweytenmal in der Kirche ausgerufen hatte: So nun jemand Hinderniß wüßte anzuzeigen, warum diese Personen nicht möchten ehelich zusammenkommen.‹ Da meldete sich der Tod«[5] (vv. 7–9) wird der weitere Verlauf der Erzählung vorweggenommen. Das Interesse des Lesers erhält einen dramatischen neuen Brennpunkt, der thematisch in der Frage formuliert werden könnte: ›Wie meldet sich der Tod?‹ Diese Spannung wird durch zwei Stilmittel hervorgerufen: Erstens durch die an den Basler Totentanz erinnernde Personifikation des Todes[6], die einhergeht zweitens mit einer Vorwegnahme[7] des Handlungsablaufes. Selbstverständlich meldet sich der Tod nicht in der Kirche, sondern erst im nachhinein, nach dem Verschwinden des Bergmannes, muß es so erscheinen, als habe der Tod in der Kirche gesessen und – schweigend sich meldend – ein Hindernis angezeigt, »warum diese Personen nicht möchten ehelich zusammenkommen«. Dieses Stilmittel des hysteron proteron, gepaart mit

---

[5] Auch hier greift Hebel auf altes, geprägtes Sprachmaterial zurück. Er zitiert auffälligerweise nicht aus der damals aktuellen Agende, sondern aus einer älteren: Kirchen=Agenda, Wie es In der Marggraffschafft Baden/ Pfortzheimischen theils/ auch andern Marggraff Friderich Magni Fürstenthummen und Landen/ Mit Verkündigung Götlichen Worts/ Reichung der H. Sacramenten und andern Ceremonien gehalten werden solle, Durlach 1686 (PTS Heidelberg L I a 1), S. 113f. Hier heißt es in der agendarischen Formulierung der »Außruffung und Einleitung der Ehen« (S. 113): »Es haben sich in den Stand der Heiligen Ehe mit einander begeben/ so nun zum I. II. III. mahl außgerufen werden/ nachfolgende Personen. N. N. N. und mit Ihme N. N. N. So nun jemand wäre/ der Verhinderung wüste anzuzeigen/ warumb vemelte Personen nicht möchten ehelich zusammen kommen/ der zeige es bey zeit an/ oder schweige hernach still.«
[6] Vgl. Däster, a. a. O. (wie Anm. 1), S. 37: »Es drängen sich uns die Bilder mittelalterlicher Totentanzfolgen vor Augen, wie sie ja auch Hebel von seinem Geburtsort Basel her in Erinnerung haben mochte.«
[7] Vgl. Karlheinz Stierle, Die Struktur narrativer Texte. Am Beispiel von J. P. Hebels ›Unverhofftem Wiedersehen‹, in: Helmut Brackert und Eberhard Lämmert (Hgg.), Funkkolleg Literatur 1, Frankfurt a. M. 1977, S. 210–233. Stierle spricht von einem »erzählerischen Vorgriff« (S. 226).

dem der Personifikation[8], implizit ergänzt durch das Paradoxon des sich stumm zu Wort meldenden Todes, baut eine Spannung auf, die den weiteren Erzählungsablauf rafft.

Angesichts einer weiteren Vorwegnahme in der eingeschobenen Anmerkung »der Bergmann hat sein Todtenkleid immer an« muß die Fortsetzung dieses Satzes (»da klopfte er zwar noch einmal an ihrem Fenster«) wie ein retardierendes Moment erscheinen, das allerdings durch die adversative »zwar [...] aber«-Konstruktion (v. 12) bereits abgeschwächt ist.

Die Formulierung »da klopfte er zwar noch einmal an ihrem Fenster« dürfte aus Hld 2,9 und 5,2ff genommen sein, zumal das Hld auch im weiteren Verlauf der Geschichte sprachbildende Kraft entfaltet. So beginnt sich im Geliebten des Hld, der vor der Hauswand steht und durch Fenster und Gitter hereinschaut, der Bräutigam des UW zu spiegeln: ›Siehe, er steht hinter unserer Wand, und sieht durch das Fenster, und gukt durch das Gitter.‹ Ähnlich klingt auch Hld 5,2 an: ›Da ist die Stimme meines Freundes, der anklopft.‹ Ähnlich wie im folgenden Text (Hld 5,3-8) der Geliebte, der eben noch angeklopft hat, verschwindet und nicht mehr auffindbar ist, so geht auch im UW der Bräutigam weiter, nachdem er geklopft hat, verschwindet im Bergwerk und ist nicht mehr zu finden.

Liest man das UW vom Gesamtduktus des Hld aus, so drängt das UW schon an dieser Stelle, da der Jüngling noch ein letztes Mal am Fenster seiner Braut anklopft, dem Punkt entgegen, an dem die Geliebte nach langem Suchen und Rufen ihren Freund doch endlich wiederfindet. Vom Hld her betrachtet hat das UW also schon hier einen Verweisungsbezug auf das Ende der Geschichte und läßt darauf hoffen, daß im UW wie im Hld der Wunsch der Braut, ihren Geliebten in ihr Stüblein einzulassen, doch noch in Erfüllung geht. Diese Leseerwartung soll nicht enttäuscht werden (»und wie sie ihn endlich in ihr Stüblein tragen ließ«; v. 51). Und wie im Hld kann die Flamme der Liebe (Hld 8,6) dann doch noch erwachen – »und wie in ihrer Brust [...] die Flamme der jugendlichen Liebe noch einmal erwachte« (v. 49). Auch die Wendung, die der Braut am Ende des

---

[8] Vgl. ebd., S. 226 und Lothar Wittmann, Johann Peter Hebels Spiegel der Welt. Interpretationen zu 53 Kalendergeschichten, Frankfurt a. M. u. a. 1969, S. 7: »Alles drängt zur Personifikation: der ›Tod‹ als der ›jemand‹, der ein ›Hindernis‹ für die Eheschließung ›anzeigt‹. Auch der ›Tod‹ wird Person.«

UW in den Mund gelegt ist (»und komme bald«; v. 60), kann vom Kontext des Hld aus als Antwort auf die wiederholte Aufforderung des Geliebten an seine Geliebte verstanden werden: ›Stehe auf, meine Schöne, und komm her‹ (Hld 2,10). ›Stehe auf, meine Freundin, und komm, meine Schöne, komm her‹ (Hld 2,13).

Gleichzeitig aber lenkt das Motiv des Anklopfens den Blick auf einen weiteren biblischen Textkomplex. Von nun an beginnt sich im Assoziationsfeld des Lesers ein apokalyptischer Hintergrund allmählich aufzubauen. Das Motiv des Anklopfens ist in Apk 3,20 Teil der Ankündigung, die endzeitliche Wiederkehr Christi stehe unmittelbar bevor. Christus selbst ist es, der vor der Tür steht und anklopft: ›Siehe, ich stehe vor der Thür, und klopfe an.‹ Dabei scheint sich die Apk an dieser Stelle die Sprache des Hld zu leihen.[9] Allmählich werden endzeitliche Kulissen auf die Bühne des UW geschoben, und eine eschatologische Szenerie baut sich auf, die im folgenden schrittweise komplettiert wird, um schließlich mit der Wendung »was die Erde einmal wiedergegeben hat, wird sie zum zweytenmal auch nicht behalten« (v. 62) in die Hoffnung auf die allgemeine Totenauferstehung am Ende der Tage zu münden.

Das »noch einmal« des Klopfens (UW 12) wird kontrastiert durch das »aber keinen guten Abend mehr« (v. 12). Verneinungen prägen nun den Text vv. 12–15. Die Formulierung »er kam nimmer« (v. 13) wird in v. 15 invertiert wieder aufgenommen (»als er nimmer kam«); das zentrale Adverb »vergeblich« erhält somit eine auffällige Rahmung. Schließlich geht das »nimmer« über in ein »nie«. Durch das eigentlich grammatikalisch unangebrachte »sondern« erwirkt der Text eine besondere Aufmerksamkeit des Lesers: Der erste Höhepunkt der Geschichte ist erreicht – »sondern als er nimmer kam, legte sie es weg, und weinte um ihn und vergaß ihn nie« (v. 15). Die Satzkonstruktion in v. 14f hat auch deswegen einen merkwürdigen Klang, da es zunächst so scheint, daß wie in v. 12 eine ›zwar-aber‹-Formulierung angestrebt ist. Doch ist die seltsame »sondern«-Wendung nicht wie v. 12 im eigentlichen Sinne adversativ und die Alternative, die sie darstellen will, keine echte Alternative.

---

[9] Wohl nicht zufällig rezipiert die Wendung ›Siehe, ich stehe vor der Thür‹ und klopfe an‹ (Apk 3,20) zwei Bausteine aus dem Hld (›Siehe, er steht hinter unserer Wand‹; Hld 2,9 und 5,2: ›Da ist die Stimme meines Freundes, der anklopft‹).

Denn das Adverb »vergeblich« nimmt den »sondern«-Satz schon vorweg. Hieße es: ›und sie saumte (zwar) selbigen Morgen ein schwarzes Halstuch [...], sondern (i. e. aber) als er nimmer kam, legte sie es weg [...]«, wäre der Satz syntaktisch in Ordnung. Aber die Grammatik als Anwendung der Logik auf die Sprache ist für Hebel nicht ein Gesetz, von dem er sich nicht zu befreien wüßte. Die poetische Freiheit hat Priorität vor der Grammatik. Deswegen muß die ›fehlerhafte‹ Syntax in v. 13f als absichtsvoll angewandtes Stilmittel begriffen und ausgelegt werden. Hebel durchbricht hier absichtlich – wie an anderen Stellen[10] – die Grammatik und den üblichen Gebrauch des Wortes ›sondern‹, um den abrupten Einschnitt darzustellen, der mit dem Verschwinden des Bräutigams im Leben der Braut entsteht. Aus einem ähnlichen Grund setzt sich Hebel auch innerhalb des Zeitraffers in v. 28 über die Regeln der Grammatik hinweg, indem er (– ähnlich wie Luther dies zuweilen tut –) zwei Subjekten nicht ein Plural-Verb folgen läßt, sondern einen Singular: »und die französische Revolution und der lange Krieg fieng an« (v. 28). Damit läßt der Text erkennen, daß die Revolution und der Krieg wie Ursache und (verheerende) Wirkung aufs engste miteinander kausal verknüpft sind.

Trotz der stark negativen Prägung dieses Abschnittes verweist das Weglegen des Halstuches in der wiederholten Lektüre bereits auf die Wiederauffindung des Jünglings. Denn wie die Braut das Halstuch weglegt, um es aufzubewahren, so ist der Jüngling unter die Erde gegangen, um für die Auferstehung der Toten aufbewahrt zu sein, die sich in der Wiederauffindung des Jünglings im voraus abbildet und beginnt, in Erfüllung zu gehen.

In der Beschreibung des Halstuches (»ein schwarzes Halstuch mit rothem Rand«) steckt zudem ein Rückgriff auf die Nennung der »schwarzen Bergmannskleidung« (v. 10). Dieser gleichzeitige Vor- und Rückverweis-Charakter veranschaulicht, einen welch kunstvoll

---

[10] Vgl., was Robert Minder (Hebel, der erasmische Geist oder Nützliche Anleitung zu seiner Lektüre, in: Johann Peter Hebel, Werke, hg. von Eberhard Meckel, 2 Bde., Frankfurt a. M. 1968, Bd. 1, S. XXX) anhand der Kalendergeschichte »Unglück der Stadt Leiden« (Hebel II, S. 79f) beobachtet: »Mit einem seltsam feierlichen Klang hat der Satz begonnen: ›Aber als nachmittags der Zeiger auf dem großen Turm auf halb fünf stand.‹ Er endet mit: ›und plötzlich geschah ein Knall‹. Die Grammatik ist dabei aus den Fugen geraten – nicht weil die Mittelpartie bis zum Bersten voll bepackt war mit dem Krimskrams des Lebens, sondern weil das Leben selbst ins Wanken geraten ist.«

gewobenen Text (›Text‹ hier im wirklichen Sinne von ›Textur‹) wir hier vor uns haben. Zudem wird Hebel die Farben rot (als Sinnbild des Lebens) und schwarz (als diejenige des Todes) nicht zufällig gewählt haben. Gleichzeitig spielt die Farbensymbolik hier eine zentrale Rolle: Das Schwarz der Kleidung des Bergmannes und des Halstuches symbolisiert den Tod, der rote Rand des Halstuches jedoch die Liebe und das Leben.[11]

Von UW 13 her (»er kam nimmer aus dem Bergwerk zurück«) erhält die Hebelsche Geschichte einen weiteren biblischen Bezugspunkt, und der Aufbau eines endzeitlichen Hintergrundes setzt sich fort, da die Thematik von der eschatologischen Flucht in die Berge in das Blickfeld rückt. In Hos 10,8 steht der Wunsch, von Bergen und Hügeln bedeckt zu werden, im Kontext der Unheilsankündigung, Samaria (Nordisrael) werde exiliert werden. Angesichts dieses bevorstehenden Ereignisses ›werden sie sagen: Ihr Berge bedeket uns, und ihr Hügel, fallet über uns‹ (Hos 10,8). Im Neuen Testament ist diese Wendung per Zitat in einen apokalyptischen Kontext eingefügt worden: in Lk 23,30 und Apk 6,16.[12] In Apk 6 steht der Wunsch, die Berge mögen einstürzen, in Relation zu der Öffnung des sechsten Siegels, die ein großes Erdbeben wirkt (Apk 6,12). Das Erdbeben ist somit der Anlaß für den endzeitlichen Wunsch, von den Bergen bedeckt zu werden. Das Erdbeben, das auch in Joel 2,10; 4,16; Sach 14,5 Zeichen des Jüngsten Tages ist, soll die Menschen vor dem Zorn Gottes verbergen. Der Text Apk 6,12-17 verarbeitet damit in auffälliger Weise Theologumena der alttestamentlichen Tag des Herrn-Erwartung. Sach 14,5 spricht von einer endzeitlichen Felsenzerspaltung, die durch ein Erdbeben gewirkt wird. Die Menschen werden fliehen wie einst vor dem Erdbeben in den Tagen Usias. Doch wohin werden die Menschen fliehen? Sie fliehen ›in das Tal meiner Berge‹ (Sach 14,5), also in Gottes Tal, das er durch die Felsenzerspaltung erst hat entstehen lassen. Das ›unheilvolle‹

---

[11] Vgl. hierzu auch Carl Pietzcker, Johann Peter Hebels ›Unverhofftes Wiedersehen‹. Ein psychoanalytischer Versuch, in: Freiburger Universitätsblätter 124 (1994), S. 41-54, hier: S. 44 (wieder in: Carl Pietzcker und Günter Schnitzler [Hgg.], Johann Peter Hebel. Unvergängliches aus dem Wiesental, Freiburg i. B. 1996, S. 263-299).
[12] Apk 6,16 zitiert den Text Hos 10,8 nicht unverändert, sondern baut ihn in syntaktischer Hinsicht um. Die beiden Dative werden in Apk 6,16 durch die Kopula ›und‹ einander direkt zugeordnet. Ähnliches geschieht mit den beiden Imperativen. Damit wird der parallelismus membrorum von Hos 10,8 aufgelöst.

Erdbeben, die Felsenzerspaltung, ist die Bedingung der Möglichkeit, vor Gott und damit gleichzeitig zu Gott zu fliehen. Durch die ›unheilvolle‹ Felsenzerspaltung erst wird die Flucht in der Drangsal zu einer Flucht in die Zuflucht.

Für die Interpretation des UW trägt dieser apokalyptische Zusammenhang einiges aus: Am Bergmann, der in dem Bergwerk verschwindet, wird im voraus und exemplarisch die Erfüllung des Tages des Herrn sichtbar: die Drangsal, vor der die Menschen in die Berge und Felsspalten fliehen, um von den Bergen bedeckt zu werden und gerade hier bei Gott Zuflucht zu finden, um für die neue Schöpfung aufbewahrt zu sein.

Auffällig von diesem biblisch-eschatologischen Hintergrund aus betrachtet ist, daß Hebel als erstes Ereignis in dem nun folgenden chronikartigen Geschichtsüberblick das Erdbeben von Lissabon nennt. Doch gilt es, zunächst auf die Komposition dieses Teiltextes des UW einzugehen, der gewissermaßen als Zeitraffer fungiert.[13] Mit ihm beginnt in v. 16 (»Unterdessen wurde die Stadt Lissabon in Portugall durch ein Erdbeben zerstört«) ein neuer Textabschnitt. Dennoch ist er mit dem Vorhergehenden unmittelbar gekoppelt. Denn das »Unterdessen« markiert, daß die welthistorischen Ereignisse während der Zeit in Erscheinung treten, in der die Braut um ihren Bräutigam trauert. Damit rahmt die Trauer der Braut die großen Ereignisse ein, und die Trauer ist von dem Tag an, an dem der Geliebte verschwunden ist, zu einem Zustand geworden, der das Leben der Braut prägt. »Damit geht, kaum merklich, die Tageszeit in Lebenszeit über; die begonnene Geschichte eines Tages wird zur Geschichte eines Lebens.«[14]

Nicht ohne weiteres zutreffend aber ist die Meinung, daß »die Struktur des ›und (auch)‹ in diesen Sätzen die Struktur des Nicht-Mehr ab[löst] und damit syntaktisch das scheinbar Endgültige in das Immer-Wiederkehrende [überführt]«[15]. Zwar ist es richtig, daß, von dem scheinbar Zuendegegangenen in Falun ausgehend, auf die

---

[13] Hier greift Hebel zur Gestaltungsmöglichkeit der Raffung, auf die Stierle, a. a. O. (wie Anm. 7), S. 227 verweist und sie mit dem Schnitt im Film vergleicht. Auch Jan Knopf, Die deutsche Kalendergeschichte. Ein Arbeitsbuch, Frankfurt a. M. 1983, S. 137f spricht vom »Zeitraffer, der zwischen dem (zunächst endgültig scheinenden) Verschwinden des Bergmanns und seiner Wiederauffindung liegt«.
[14] Jan Knopf, Geschichten zur Geschichte, Stuttgart 1973, S. 76.
[15] Ebd.

großen historischen Ereignisse, also auf den Fortgang der Weltgeschichte, geblickt wird, daß der Blick also vom ›historischen Mikrokosmos‹ weggewandt wird und er sich nun sozusagen auf den ›geschichtlichen Makrokosmos‹ richtet. Aber gleichzeitig sind gerade die welthistorischen Ereignisse ebenfalls von der Struktur des ›Nicht-Mehr‹ geprägt. Es wird also nicht, wie Knopf meint, die Struktur des ›Nicht-Mehr‹ schlichtweg durch das ›Und-auch‹ abgelöst. Sondern im ›Und-auch‹ herrscht ebenfalls das ›Nicht-Mehr‹, das auch das Leben der Braut bestimmt. Das ›Nicht-Mehr‹, das die Braut erlebt hat, beginnt sich nun in der Weltgeschichte zu spiegeln. Denn von den 16 historisch-politischen Ereignissen bringen elf ein Zuendegehen zum Ausdruck. Dazu gehören zunächst einmal die vier Kaiser-Todes-Notizen, die Zerstörung der Städte Lissabon und Kopenhagen, siebtens das Ende des Siebenjährigen Krieges, achtens die Aufhebung des Jesuitenordens, neuntens die Teilung Polens (– das Ende eines Staates –), zehntens die Hinrichtung Struensees und elftens das Nicht-Vermögen Frankreichs und Spaniens, Gibraltar zu erobern. Konsequenter könnte das das Schicksal der Braut bestimmende »nimmer« (vv. 13.15), »vergeblich« (v. 14) und »nie« (v. 15) nicht in die höhere Dimension der Weltgeschichte übertragen sein.

Von dem »Unterdessen« an (v. 16) ändert sich das Verhältnis von Erzählzeit und erzählter Zeit schlagartig. Die Handlung wird radikal beschleunigt, was durch das Stilmittel der strengen Parataxe und das in den vv. 16–35 fast durchgehend beibehaltene Polysyndeton noch unterstrichen wird. Auch die Struktur der Verneinung erhält dadurch einen besonders dichten, schweren Ton. »In diesen Ereignissen überwiegt die Note des Vergänglichen; es scheint, als ob die Zeit alles mit sich risse.«[16] Treffend ist auch die Beobachtung, daß es sich im Text des Zeitraffers weitgehend um intransitive Verben handelt, die »also ein Geschehen am Subjekt ausdrücken«[17].

Hatte sich für das Gesamte des Textes bereits ein spiegelbildlicher Aufbau als hervorstechendes Kompositions-Merkmal gezeigt, so läßt sich diese Beobachtung auch in dem Teiltext vv. 16–35 machen. Ich unterteile zunächst innerhalb dieser polysyndetisch aufeinander

---

[16] Michael Scherer, J. P. Hebel, ›Unverhofftes Wiedersehen‹, in: Germanisch-romanische Monatsschrift, Neue Folge 5 (1955), S. 311–318, hier: S. 314.
[17] Ebd., S. 315.

folgenden Verse des Zeitraffers in vv. 16-31 (historische Ereignisse) und in v. 32-35 (Rücklenkung des Blickes auf Falun). Für die vv. 16-31 ergibt sich dann folgendes Kompositionsschema:[18]

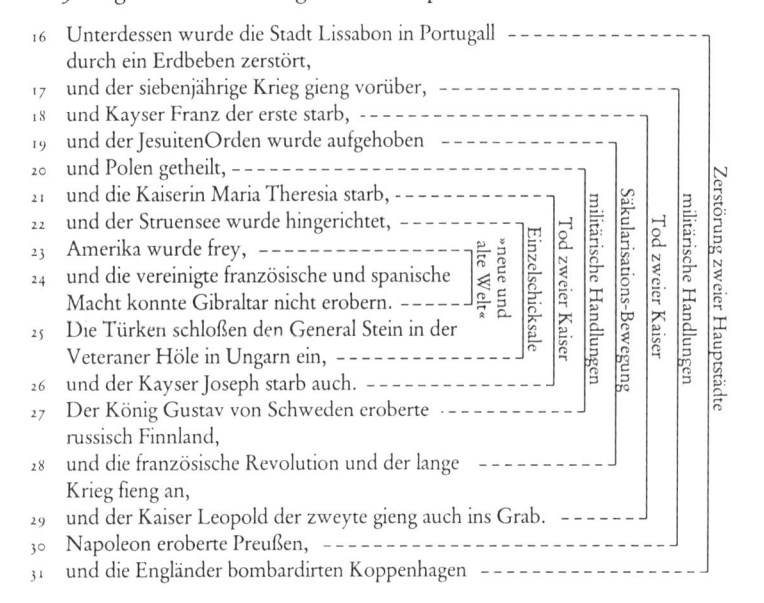

16 Unterdessen wurde die Stadt Lissabon in Portugall durch ein Erdbeben zerstört,
17 und der siebenjährige Krieg gieng vorüber,
18 und Kayser Franz der erste starb,
19 und der JesuitenOrden wurde aufgehoben
20 und Polen getheilt,
21 und die Kaiserin Maria Theresia starb,
22 und der Struensee wurde hingerichtet,
23 Amerika wurde frey,
24 und die vereinigte französische und spanische Macht konnte Gibraltar nicht erobern.
25 Die Türken schloßen den General Stein in der Veteraner Höle in Ungarn ein,
26 und der Kayser Joseph starb auch.
27 Der König Gustav von Schweden eroberte russisch Finnland,
28 und die französische Revolution und der lange Krieg fieng an,
29 und der Kaiser Leopold der zweyte gieng auch ins Grab.
30 Napoleon eroberte Preußen,
31 und die Engländer bombardirten Koppenhagen

»neue und alte Welt« / Einzelschicksale / Tod zweier Kaiser / militärische Handlungen / Säkularisations-Bewegung / Tod zweier Kaiser / militärische Handlungen / Zerstörung zweier Hauptstädte

Diese Proportion der Spiegelbildlichkeit entspricht dem, was man in der jüdischen Überlieferung und Hermeneutik das ›athbasch-Prinzip‹ nennt, demzufolge Anfang und Ende zusammentreffen und einander ergänzen und demzufolge jeder Buchstabe und jedes Wort (nicht nur der Bibel) einen Gegenbegriff hat. »Und deshalb hat jede Erscheinung hier unten ihre Gegenerscheinung anderswo.«[19] Das Kunstwort ›athbasch‹ »ist nichts anderes als eine konstruierte Verbindung des ersten mit dem letzten Buchstaben, a – th, und des zweiten mit dem vorletzten Buchstaben, b – sch«[20]. Das sog. Tetragramm ›Jhwh‹, der alttestamentliche Gottesname, z. B. hat den Zahlenwert 10 - 5 - 6 - 5, wobei die 6 das ›waw‹ (= hebr. für

---

[18] Von mir unabhängig hat dieses Kompositionsschema auch entdeckt: Helmuth Mojem, Hoffnungsfroher Widerstand. Johann Peter Hebels ›Unverhofftes Wiedersehen‹ zwischen Idylle und Utopie, in: Zeitschrift für Deutsche Philologie 111 (1992), S. 181-200, hier: S. 194f.
[19] Friedrich Weinreb, Zahl – Zeichen – Wort. Das symbolische Universum der Bibelsprache, Weiler/Allgäu ³1986, S. 31.
[20] Ebd., S. 32.

›und‹) repräsentiert, so daß 10 + 10 sich zu einer Parallelität verbinden.

Der Text des spiegelbildlichen Zeitraffers baut sich in strenger Parataxe auf. Und so entsteht die consecutio temporum, auf die Ernst Bloch hingewiesen hat. »Hebel also beschreibt auch dies Gegenteil vom Sprung, diese wirkliche consecutio temporum nicht mit abstrakter Angabe, dadurch mit Bruch gerade im Fluß der Geschichte, sondern macht kontinuierlichen Weg hin bis zum erneuten Schauplatz und dem wirklichen Sprung der Zeit auf ihm. Derart wird der überbrückende Text aus der privaten Geschichte zu Geschichte im üblichen, sogar politischen Sinn, mit chronologisch faßbaren Haltpunkten und Stationen.«[21]

Das erste Korrespondenz-Paar, die Zerstörung Lissabons durch das Erdbeben und diejenige Kopenhagens durch ein Bombardement, bildet den Rahmen des Zeitraffers. Wie sehr Hebel das letztere Ereignis beschäftigt hat, zeigen der Beitrag im ›Schatzkästlein‹ »Das Bombardement von Kopenhagen«[22] und der Kalenderbeitrag von 1809 »Unglück in Koppenhagen«[23]. Die Notiz des Erdbebens, das am 1. November 1755 die Stadt Lissabon zerstörte, steht in v. 16 bestimmt nicht zufällig am Anfang des Polysyndetons. Das Erdbeben ist ein klassisches Motiv der alttestamentlichen Tag des Herrn-Ankündigung, das bis in die apokalyptisch geprägten Texte der Evangelien und in die Apk fortgewirkt hat.[24] Das Erdbeben ist dabei zunächst ein unheilvolles Ereignis, das die endzeitliche Drangsal illustriert. Gleichzeitig jedoch ist das Beben auch die Voraussetzung dafür, daß durch die Aufhebung der durch die Schöpfungs-

---

[21] Ernst Bloch, Nachwort, in: Johann Peter Hebel, Kalendergeschichten, Frankfurt a. M. 1965, S. 135-150, hier: S. 141f.
[22] Dieser Beitrag, der sich im 1811 bei Cotta erschienenen ›Schatzkästlein‹ findet, ist ein Exzerpt des Beitrages zum Kalender von 1809 »Weltbegebenheiten. Folgen des Tilsiter Friedens.« (Hebel II, S. 162-168).
[23] Hebel II, S. 175: »Unglück in Koppenhagen. Das sollte man nicht glauben, daß eine Granade, die in den unglücklichen September-Tagen 1807. nach Copenhagen geworfen wurde, noch im July 1808. losgehen werde. Zwey Knaben fanden sie unter der Erde. Einer von ihnen wollte sie mit einem Nagel von dem anhängenden Grunde reinigen. Plötzlich gerieth sie in Brand, zersprang, tödtete den einen auf der Stelle, nahm dem andern die Beine weg, zerquetschte der Mutter, die mit einem Säugling an der Brust sorglos zusah, den Arm. Dieß lehrt vorsichtig seyn mit alten Granaden und Bomben-Kugeln.«
[24] Vgl. Mt. 8,24; 24,7 parr.; 27,54; 28,2; Apk 6,12; 8,5; 11,13 (2x) u. ö.

scheidung zwischen Hohem und Tiefem gesetzten alten Schöpfung die Neuschöpfung ihren Beginn finden kann. So ist das Erdbeben im Zusammenhang von Sach 14 die Voraussetzung für die Neuschöpfung dergestalt, daß es dem neuen Tag eins der Totenauferstehung und dem Fluß der Lebenswasser vorausgeht (Sach 14,8). Zwar nicht explizit, aber doch unübersehbar sprechen auch andere biblische Texte, die unmißverständlich ›Heilsankündigungen‹ sind, von der Nivellierung zwischen Hoch und Tief als Vorbedingung für das endzeitliche Kommen Gottes – so z. B. Jes 40,3–5.

Ist es richtig, daß sich anhand der Erdbeben-Thematik auf der literarischen Ebene des UW der sich anfänglich erfüllende Tag des Herrn abzeichnet, dann wirkt diese Beobachtung auch zurück in den vorangegangenen Text des UW. Denn von hier aus ergibt sich sowohl für v. 16 (»Unterdessen wurde die Stadt Lissabon in Portugall durch ein Erdbeben zerstört«) als auch für v. 13 (»er kam nimmer aus dem Bergwerk zurück«) derselbe apokalyptische Bezugspunkt in biblischen Texten. Das Erdbeben in v. 16 spiegelt das Verschwinden des Bergmanns im Bergwerk wider, wie auch in Apk 6,16 der endzeitliche Wunsch, von den Bergen bedeckt zu werden (›und sprachen zu den Bergen und Felsen: Fallet auf uns‹), und das endzeitliche Erdbeben ein unauflösbares und sich gegenseitig bedingendes Miteinander bilden. So steht UW 16 also ganz im Zeichen des Bestrebens, die apokalyptische Szenerie auszubauen und das Erdbeben in Lissabon als die kosmische Fortsetzung des in Falun Begonnenen darzustellen. Hier stehen sich also nicht schicksalhaftes Ende und historisch-politische Kontinuität gegenüber, sondern das welthistorische Ereignis, das Erdbeben in Lissabon, ist die kommentarhafte Kontinuität dessen, was in Falun in Schweden seinen Anfang genommen hat. Weltgeschichte und persönliches Schicksal beleuchten sich gegenseitig, so daß man nicht wie Rhie davon sprechen kann, daß »das alltäglich-allzumenschliche Geschehen den Vorrang vor dem großen, weltbewegenden Geschehen [hat]«[25]. Treffend dagegen hat Benjamin den Zeitraffer so charakterisiert: »Es steht mit seiner [scil. Hebels; A. S.] Chronik des Alltags wie mit der seines

---

[25] Tschang Bok Rhie, Johann Peter Hebels Kalendergeschichten. Eine Studie über Heimat und Geschichte, Religion und Sittlichkeit im ›Hausfreund‹, Köln 1976, S. 70.

größten Zeitraums, den fünfzig Jahren im ›Unverhofften Wiedersehen‹: sie liest sich wie aus Akten des jüngsten Gerichts.«[26] Aufklärung und Apokalyptik erfahren hier im UW eine Synthese, die höchst brisant ist. Nur wenn man das Miteinander von aufklärerischer Aufbruchsstimmung einerseits und apokalyptischer Aufbruchsstimmung angesichts des anbrechenden neuen Äons andererseits realisiert, hält man den hermeneutischen Schlüssel zum Verständnis des UW in der Hand. Daß das Erdbeben von Lissabon den aufgeklärten Vernunftglauben und das mechanistische Weltbild des 18. Jahrhunderts auf das Tiefste erschüttert hat, läßt sich etwa Goethes ›Dichtung und Wahrheit‹ entnehmen:

»Durch ein außerordentliches Weltereignis wurde jedoch die Gemütsruhe des Knaben zum erstenmal im tiefsten erschüttert. Am 1. November 1755 ereignete sich das Erdbeben von Lissabon und verbreitete über die in Frieden und Ruhe schon eingewohnte Welt einen ungeheuren Schrecken. Eine große, prächtige Residenz [...] wird ungewarnt von dem furchtbarsten Unglück betroffen. Die Erde bebt und schwankt, das Meer braust auf, die Schiffe schlagen zusammen, die Häuser stürzen ein, Kirchen und Türme darüber her, der königliche Palast zum Teil wird vom Meer verschlungen, die geborstene Erde scheint Flammen zu speien [...] um desto größer war die Wirkung der Nachrichten selbst, welche erst im allgemeinen, dann aber mit schrecklichen Einzelheiten sich rasch verbreiteten. Hierauf ließen es die Gottesfürchtigen nicht an Betrachtungen, die Philosophen nicht an Trostgründen, an Strafpredigten die Geistlichkeit nicht fehlen [...] Ja vielleicht hat der Dämon des Schreckens zu keiner Zeit so schnell und so mächtig seine Schauer über die Erde verbreitet.«[27]

»Die in Frieden und Ruhe eingewohnte Welt« der Aufklärung sah sich auf einmal von apokalyptischen Wehen überrannt, die längst für irrational und unglaubhaft erklärt worden waren. Die aufgeklärte, nicht nur von Christian Wolff vertretene Meinung, die Natur sei getragen von ewigen und unverbrüchlich geltenden Naturgesetzen, erfuhr sich nun selbst als durch die Naturerscheinung ›Erdbeben‹ in Frage gestellt: »Die Weisen und Schriftgelehrten selbst [konnten] sich über die Art, wie man ein solches Phänomen anzusehen habe, nicht vereinigen.«

---

[26] Walter Benjamin, Gesammelte Schriften. Unter Mitwirkung von Theodor W. Adorno und Gershom Scholem hg. von Rolf Tiedemann und Hermann Schweppenhäuser, Bde. I, 1 – VII, 2, Frankfurt a. M. 1974–1989, hier: III, S. 205.
[27] Johann Wolfgang Goethe, Poetische Werke. Vollständige Ausgabe, 22 Bde., Stuttgart (Cotta) o. J., hier: Bd. 8, Dichtung und Wahrheit, S. 38f.

Auch die Art, in der das UW die Geschichte von kriegerischen Handlungen gegliedert sein läßt – so das zweite Korrespondenz-Paar (vv. 17.30) und das fünfte (vv. 20.27), sowie die Wendung »und der lange Krieg fieng an« (v. 28) – könnte auf die biblische Ankündigung endzeitlicher Kriegshandlungen anspielen (›Ihr werdet hören Kriege und Geschrei von Kriegen: sehet zu, und erschreket nicht. Das muß zum ersten alles geschehen; aber es ist noch nicht das Ende da‹; Mt 24,6). Der Zeitraffer stellt die Geschichte der fünfzig Jahre als eine Zeit dar, die die Endzeit bereits abbildet: in Kriegen und Erdbeben wird ein apokalyptisches Szenario sichtbar.

Einen biblischen Klang hat auch das Spezifikum des UW, die Todesnotizen der Kaiser als historische Eckdaten herauszuheben. »Weil namlich Theologie Geschichte immer in Generationen denkt, so sieht auch Hebel im Tun und Lassen seiner kleinen Leute die Generationen in all den Krisen sich herumschlagen, die mit der Revolution von [17]89 zum Ausbruch kamen.«[28] In ganz klarer Weise korrespondiert v. 18 (»und Kayser Franz der erste starb«) mit v. 29 (»und der Kaiser Leopold der zweyte gieng auch ins Grab«), sowie v. 21 (»und die Kaiserin Maria Theresia starb«) mit v. 26 (»und der Kayser Joseph starb auch«; gemeint ist Joseph II.).[29] Die vv. 18 und 21 prägt eine besonders starke Verbindung, da Joseph II. von 1765 an Mitregent Maria Theresias gewesen ist. Die Stereotypie des Verbgebrauches in diesen Versen, der nur ganz leicht in der Reihe »starb [...] starb [...] starb auch [...] gieng auch ins Grab« variiert wird, erinnert an die sog. deuteronomistischen[30] Notizen über Abschluß und Dauer der Herrschaft der verschiedenen Könige in den Königebüchern. Ähnlich redundant wie das UW schärfen auch sie die Todesnotizen ein: ›Also entschlief David mit seinen Vätern, und ward begraben in der Stadt Davids‹ (1Kön 2,10). ›Und Salomo entschlief mit seinen Vätern, und ward begraben in der Stadt Davids, seines Vaters‹ (1Kön 11,43). ›Und Reha-

---

[28] Benjamin, II, 2, S. 637.
[29] Vgl. Hans Wagner, Art. Joseph II., Kaiser, in: Neue Deutsche Biographie (NDB), Bd. 10, hg. von der historischen Kommission bei der Bayerischen Akademie der Wissenschaften, Berlin 1974, S. 617–623. Joseph II. regierte seit 1765 als Kaiser und Mitregent von Maria Theresia. Nach deren Tod am 29. 11. 1780 regierte er alleine.
[30] Der Deuteronomist gilt als derjenige Schriftsteller und Redaktor, der einem Teil des Alten Testamentes (Dtn–2Kön) ein einheitliches historiographisches Gepräge gegeben hat.

beam entschlief mit seinen Vätern, und ward begraben mit seinen Vätern in der Stadt Davids‹ (1Kön 14,31).[31]

Darüber hinaus könnte in dem Korrespondenzpaar, das das Kernstück des gesamten Zeitraffers ausmacht (»Amerika wurde frey, und die vereinigte französische und spanische Macht konnte Gibraltar nicht erobern«, UW 23f), eine Allusion an die alttestamentlich-biblischen Texte stecken, die davon sprechen, welche Teile Kanaans Israel bei der Landnahme nicht eroberte: ›Die Jebusiter aber wohnten zu Jerusalem, und die Kinder Juda konten sie nicht vertreiben‹ (Jos 15,63). ›Und die Kinder Manasse konten diese Städte nicht einnehmen‹ (Jos 17,12; vgl. Jos 13,13; 16,10; Ri 1,21; 2,27.29.30.31.33). Dieses innerste Korrespondenzpaar bildet die Spiegelachse des Zeitraffers. Das gesamte UW dreht sich gewissermaßen um eine zentrale Errungenschaft der Aufklärungszeit: um die Unabhängigkeitserklärung Amerikas, den Aufbruch in der neuen Welt. Aufklärung und Apokalyptik kommen im UW aber dergestalt zusammen, daß ersteres durch die an ein apokalyptisches Szenario erinnernden übrigen Ereignisse wie Erdbeben und Kriege kommentiert wird. Außerdem ist das innere Korrespondenzpaar von einer Antithetik geprägt: Während Amerika in die Unabhängigkeit aufbricht, zeichnet sich in der alten Welt ein gewisser Abstieg der Großmächte Spanien und Frankreich ab, die nicht im Stande sind, Gibraltar zu erobern. England behält Gibraltar (– eine sehr kleine Kolonie –) als Machtbereich, während die größte Kolonie (Amerika) dem Empire entgleitet. In Hebels Erzählung paart sich also ein gewisser aufgeklärter Enthusiasmus für die Emanzipationsbewegung in Nordamerika mit der Rezeption biblisch-eschatologischen Sprachmaterials.

Bereits Benjamin hat bemerkt, daß im Zeitraffer des UW ein biblisches Herz pocht, »weil nämlich Theologie Geschichte immer in Generationen denkt«[32]. »Das Leben und Sterben ganzer Geschlechter schlägt im Rhythmus der Sätze, welche im ›Unverhofften Wiedersehen‹ den Zeitraum der fünfzig Jahre erfüllen, in denen die Braut [...] trauert.«[33] Diese biblische Art, die Zeit festzuhalten, die

---

[31] Solche Todesnotizen ziehen sich durch die Königebücher wie ein roter Faden hindurch. Vgl. 1Kön 2,10; 11,43; 14,31; 15,8.24; 16,6.28; 22,40.51; 2Kön 8,24; 10,35; 13,9; 14,16.29; 15,7.22.38; 16,20; 20,21; 21,18; 24,6.
[32] Benjamin, II, 2, S. 637.
[33] Ebd.

»in Jahreszahlen nicht numeriert«[34] ist, läßt Hebel zum Chronisten werden. »Denn das ist in der Tat nicht die Gesinnung des Historikers, die uns aus diesen Sätzen entgegentritt, sondern die des Chronisten. Der Historiker hält sich an ›Weltgeschichte‹, der Chronist an den Weltlauf.«[35] Daß Hebel zutiefst von der mit der Französischen Revolution 1789 einhergehenden Aufklärung geprägt war – das zu betonen, ist Benjamin niemals müde geworden. »Denn woran erbaut sich Hebel? An der Aufklärung und der großen Revolution.«[36] Nach Benjamin erbaut sich Hebel nicht nur an der Aufklärung, sondern er ist gar als »Zeitgenosse der großen französischen Revolution von allen Geisteskräften der Epoche auf das Entschiedenste und Radikalste ergriffen«[37].

Zwar sieht Benjamin, daß in Hebel Theologe und Aufklärer in ein und derselben Person erscheinen: »Wie theologische und weltbürgerliche Haltung sich hier durchdringen, das ist das Geheimnis der unvergleichlichen Konkretion, die der Kern seines [scil. Hebels; A. S.] Schaffens ist.«[38] Doch in der Art, wie Benjamin Hebels Schaffen metaphernhaft darstellt, vergreift er sich dann doch etwas. »Unten geschieht, wenn man will, das Hausbackene, Regelrechte, das Klare und Richtige. Oben aber schwebt dennoch, auf übernatürliche Art, gleich der Madonna, die französische Revolutionsgottheit von der Decke. Und darum sind seine Geschichten so unvergänglich. Sie sind die Votivgemälde, welche die Aufklärung in den Tempel der Göttin der Vernunft gestiftet hat.«[39] Diese Interpretation geht zu Lasten des biblischen Verweisungscharakters des UW, der doch gerade die Votivgemälde der Aufklärung zu biblischen Geschichten werden läßt. Hat die aufklärerisch vergötterte Vernunft die biblische Tradition verdrängt, ja sie bekämpft, so führt Hebel in scharfem Gegensatz hierzu den Aufbruch in die Freiheit zurück in ihren biblisch-eschatologischen Traditionszusammenhang. Und hierin erst zeigt sich die Durchdringung der theologischen und weltbürgerlichen Momente in Hebels Erzählungen. Indem er den aufklärerischen Enthusiasmus an die biblische Endzeithoffnung zu-

---

[34] Ebd.
[35] Ebd.
[36] Ebd., S. 639.
[37] Ebd.
[38] Ebd.
[39] Ebd., S. 640.

rückbindet, verfällt Hebel gerade nicht der französischen Revolutionsgottheit. Hebel läßt den aufgeklärten Enthusiasmus auf der Leinwand der biblischen Eschatologie erscheinen und läßt »die Votivgemälde, welche die Aufklärung in den Tempel der Vernunft gestiftet hat«[40], zum biblischen Bilderbuch werden – zur biblia pauperum gewissermaßen. Bemerkt Benjamin: »Die ›reine‹ Humanität der Aufklärung hat bei Hebel sich mit Humor gesättigt«[41], so nehmen wir als hermeneutischen Schlüssel zum Verständnis des UW diese Wendung in leicht abgewandelter Form auf: Die ›reine‹ Humanität der Aufklärung hat sich bei Hebel mit der Sprache der biblischen Endzeithoffnung gesättigt, was den Hebelschen Humor keineswegs ausschließt. Denn der Humor beginnt dort, wo das Endliche mit dem Unendlichen gemessen wird. Und eben das trifft ja auf Hebels Erzählung zu: Die Jetztzeit wird an der Unendlichkeit der neuen Schöpfung gemessen und umgekehrt.[42]

---

[40] Ebd.
[41] Ebd., S. 628.
[42] Jean Paul (Richter), Werke Bd. 5, hg. von Norbert Miller, München ⁴1980 (1963), S. 124f sagt zum Humor: »Wie aber, wenn man eben diese Endlichkeit als subjektiven Kontrast jetzo der Idee (Unendlichkeit) als objektivem unterschöbe und liehe und statt des Erhabenen als eines angewandten Unendlichen jetzo ein auf das Unendliche angewandte [!] Endliche, also bloß Unendlichkeit des Kontrastes gebäre, d. h. eine negative? Dann hätten wir den humour oder das romantische Komische.« Vgl. Lothar Steiger, Art. Humor, Theologische Realenzyklopädie Bd. 15, Berlin / New York 1986, S. 696–701, zu Jean Paul S. 698f. Nach Jean Paul steht der Humor insofern mit dem Eschaton in Verbindung, als gilt: »Er erniedrigt das Große, aber – ungleich der Parodie – um ihm das Kleine, und erhöht das Kleine, aber – ungleich der Ironie – um ihm das Große an die Seite zu setzen und so beide zu vernichten, weil vor der Unendlichkeit alles gleich ist und nichts« (Jean Paul, a. a. O., S. 125). So ist der Humor gewissermaßen eine Prolepse des Jüngsten Tages, da der Humor »als ein solcher Jüngster Tag die sinnliche Welt zu einem zweiten Chaos ineinanderwirft« (ebd., S. 139). Daß Hebel Jean Paul geschätzt hat und durch die Lektüre seiner Werke nicht unberührt gewesen ist, steht außer Zweifel. Hebel war begeistert von seinen »Schilderungen der Natur«, denn sie »übertreffen alles ähnliche, nur die Natur selber nicht« (Hebel, Briefe. Gesamtausgabe, hg. und erl. von Wilhelm Zentner, 2 Bde., Karlsruhe ²1957, S. 119. 25. 10. 1801 an Gustave Fecht). »Seine Schriften sind wie Ananas, auswendig lauter Distel und Dorn, bis man in das süße innere Leben hineingedrungen ist« (ebd., S. 347f. 20. 5. 1807 an Gustave Fecht). Hebel liest die ›Flegel-Jahre‹ von Jean Paul (ebd., S. 353. 7. 6. 1807 an Sophie Haufe), versucht jedoch nicht, dessen Streckvers zu imitieren. Hebel will »nicht zu den Narren iust gehöre[n], die sich eine Ehre daraus machen den J. Paul nachzuahmen und nicht zu erreichen. Denn die Ehre wäre höchstens auf J. P's, nicht auf J. P's (Johann Peters) Seite« (ebd., S. 424, 13. 5. 1809 an Haufe). Hebel sendet Jean Paul das ›Schatzkästlein‹ zu als Dank für die Besprechung der Alemannischen Gedichte in der ›Zeitung für die elegante Welt‹ (1803) (ebd., S. 503. 2. 6. 1811 an Jean Paul Richter).

Oben hatten wir bereits gesehen, daß das UW durch seinen Anklang an die Todesnotizen der Könige und durch den v. 24 eine gewisse Affinität zum sog. Deuteronomistischen Geschichtswerk aufweist. Eine weitere Verwandtschaft besteht darin, daß auch die zentralen deuteronomistischen Reden und Reflexionsstücke[43] auf große Zusammenhänge historischer Abläufe zurückblicken und die einzelnen Geschehnisse eng zusammendrängen und raffen. Auch diese Texte lassen, in strenger Parataxe formuliert, z. T. die ganze Geschichte Israels bzw. die gesamte Geschichte von der Schöpfung an Revue passieren. So spannt z. B. Neh 9 einen Bogen von der Schöpfung (Neh 9,6), über die Erwählung Abrams (v. 7f), die Befreiung aus Ägypten (vv. 9-11), Wüstenzeit und Sinaigeschehen (vv. 12-21), Landnahme (vv. 22-25) bis hin zum Abfall des Volkes Israel von Gott. All das ist in 25 Versen stark gerafft, verdichtet und streng parataktisch formuliert. Die Idee Hebels, die fünfzig Jahre mit eben diesen Stilmitteln Revue passieren zu lassen, ist von dieser typisch biblischen Machart sicher nicht unbeeinflußt gewesen.

Angeraten erscheint, etwas ausführlicher auf das siebte Korrespondenz-Paar des Zeitraffers einzugehen: Auf die Notiz »und der Struensee wurde hingerichtet« (v. 22) und die Wendung »Die Türken schloßen den General Stein in der Veteraner Höle in Ungarn ein« (v. 25). Beide Notizen stellen ein Einzelschicksal dar. Als Leibarzt des dänischen Königs Christian VII. bandelt Struensee mit dessen Frau, der Königin, in einem Liebesverhältnis an. Die angestrebten Reformen konnte der Anhänger der Aufklärung nicht durchführen, obwohl Struensee Geheimer Kabinettsminister geworden war. Denn das Liebesverhältnis mit der Königin hinderte ihn daran dergestalt, daß es zu seiner Hinrichtung am 28. 4. 1772 führte.

Die Notiz über Stein fällt aus zwei Gründen aus dem Rahmen: Erstens durch die verglichen mit den anderen Versen des Zeitraffers längste Ausdehnung (13 Wörter) und zweitens dadurch, daß sich im Schicksal Steins[44] – und damit in der ›großen‹ Weltgeschichte –

---

[43] Vgl. Martin Noth, Überlieferungsgeschichtliche Studien I, Darmstadt ²1957 (1943), S. 5ff.
[44] »– 10. Major Stein. Dieser tapfere Officier, im Jahre 1788 Major bei Brechainville – Infanterie Nr. 25, hat sich bei der Vertheidigung der nach dem berühmten Feldmarschall Grafen Veterani benannten Veterani'schen Höhle im August 1788 denkwürdig gemacht. Als der Türkenkrieg im genannten Jahre ausbrach erhielt von dem im südlichen Böhmen zu Pisek, Strakonitz und Rettolitz stationirten Regimente das

die Begebenheit in Falun widerspiegelt. So wie der Bergmann wird auch Stein in einem Berg eingeschlossen. Er verteidigt die Höhle erfolgreich, wenn auch nicht siegreich, und wird deswegen, nach Wien zurückgekehrt, mit Voith trotz Kapitulation seiner heldenhaften Tat wegen mit höchsten Ehren bedacht: Stein und Voith erhalten den Maria-Theresien-Orden.

Der General Veterani, nach dem die Höhle benannt ist, hat von eben dieser Höhle aus – ebenfalls in einem Türkenkrieg (1683–99) – fast genau hundert Jahre vor Stein eine Schlacht gegen die Türken geführt.[45] Doch Hebel scheint hier zwei Dinge durcheinander gebracht zu haben. Denn Stein war niemals General, sondern lediglich Major. Veterani dagegen war wirklich General. »Schon am 16. August 1690 war V[eterani] vom Kaiser zum General der Cavallerie

---

zweite (Oberst-)Bataillon Befehl, an die türkische Grenze zu marschiren. Dieses Bataillon commandirte der deutsche Ordensritter *Major Baron Stein*. Anfangs Mai traf das Bataillon im Lager bei Semlin ein und stand am 12. Juli bei Bojana Bronikowi, einem von der Donau durchströmten Thale, in welchem sich die oberwähnte Veterani'sche Höhle befindet. Major S traf alle Anstalten zur Vertheidigung seiner Stellung, errichtete eine Schanze, welche er mit zwei Compagnien seines Bataillons besetzte, während von den übrigen vier zwei in der Höhle selbst, zwei außerhalb derselben aufgestellt wurden. Schon am 15. Juli zeigten sich ein etwa tausend Mann starker Türkenhaufe [...] Am 11. August 1788 unternahmen die Türken einen Hauptangriff, und zwar ebensowohl auf die Schanze als auf die zwei Compagnien vor der Höhle und auf die Höhle selbst [...].« Gegen die Einheiten auf der Schanze siegten die Türken, es heißt dann weiter: »Major Stein mit seinen vier Compagnien, die aber, da sie an dem vorerwähnten Kampfe, so weit es in ihrer Stellung thunlich war, theilgenommen, stark zusammengeschmolzen waren, zog sich nun in die Höhle selbst zurück [...] Wiederholte Aufforderungen, sich zu ergeben, wies Major Stein, nachdem er mit seinen Officieren Kriegsrath gehalten, zurück. Nun brachten die Türken drei Geschütze vor und beschossen die Höhle. Lieutenant Voith richtete seine Geschütze gegen jene der Türken mit solchem Erfolge, daß schon nach den ersten Schüssen die türkischen Geschütze demontirt waren [...] Nun wurde ohne weiters die Capitulation abgeschlossen und Major Stein, welcher die Höhle vom 10. bis zum 30. August gehalten hatte, erhielt mit seinen vier Compagnien, nach erfolgter Uebergabe, ehrenvollen Abzug [...]« (Constant von Wurzbach, Biographisches Lexikon des Kaiserthums Österreich, 1878, tom. 38, zugänglich über: Deutsches Biographisches Archiv [DBA], hg. von Bernhard Fabian, München 1982–84, 1218,14).
[45] »Er [scil. Veterani; A. S.] hielt Siebenbürgen, welches fast verloren schien, nahm im J. 1691 die Festung Lippa und richtete sein Augenmerk auf den durch eine in ihrer Art einzige Vertheidigung so berühmt gewordenen Posten an der Donau, der von ihm den Namen der veteranischen Höhle führt« (C. Duncker, Art.: Veterani, Friedrich Graf von, in: Allgemeine Deutsche Biographie [ADB], hg. durch die historische Commission bei der Königlichen Akademie der Wissenschaften, 56 Bde., Berlin 1875–1912 [Nachdr. Berlin 1971], hier: Bd. 39, S. 655–658, hier: S. 656).

befördert worden.«[46] Hebel hat den Dienstgrad dessen, der in der Höhle im August 1788 eingeschlossen worden war, mit dem Dienstgrad dessen, dem die Höhle ihren Namen zu verdanken hat, verwechselt. Das Korrespondenz-Paar v. 25 und 22 beinhaltet eine Antithetik. Beginnt das Schicksal Struensees eher glücklich in einer (wenn auch gefährlichen) Liebesbeziehung zur Königin und der Beförderung zum Geheimen Kabinettsminister, so endet es verhängnisvoll mit der Hinrichtung. Umgekehrt verhält es sich beim Major Stein. Sieht es zunächst während der Belagerung der Höhle durch die Türken ganz so aus, als könne er dieser Situation nicht mehr lebend entrinnen, so erwirkt Stein dennoch durch geschickte Verteidigung der Höhle noch eine Kapitulation zu annehmbaren Bedingungen.

Im Zeitraffer sind jeweils zwei Ereignisse eng miteinander verbunden. Dabei ist dieser Zusammenhang in drei von acht Fällen antithetischen Charakters, denn gegensätzlich entsprechen sich die Beendigung des Siebenjährigen Kriegs (v. 17) und die Eroberung Preußens, die nicht mit einem Kriegsende einhergeht. Scharf antithetisch ist auch das Verhältnis von v. 22 und 25, sowie das Miteinander der beginnenden Freiheit Amerikas (v. 23) und des anhebenden Abstiegs der ehemaligen Kolonialmacht (v. 24). So wird hier im Text des UW das greifbar, was Hebel an anderer Stelle so formuliert: »Man findet oft in großen und kleinen Weltbegebenheiten, so weit sie auseinander zu liegen scheinen, und sowenig die Augen eines Sterblichen den feinen Faden ihres Zusammenhangs entdecken mögen etwas typisches und antitypisches.«[47]

Mit UW 32–35 lenkt der Text den Blick des Lesers von den historischen Ereignissen auf den natürlichen Kosmos. »Indem Hebel die Weltbegebenheiten in die Alltäglichkeit einlenken läßt, führt er nicht nur die Zeit, die am Morgen stehen geblieben ist, weiter, sondern er verknüpft auch [...] die weltgeschichtlichen Ereignisse mit dem Leben der Braut«[48] kommentiert Knopf die Wendung »und die Ackerleute säeten und schnitten« (v. 32). Doch hat gerade dieser v. 32, vom biblischen Hintergrund des UW her betrachtet,

---

[46] Ebd., S. 656f.
[47] Hebel, Briefe, S. 80. Febr./März 1800 an Hitzig.
[48] Knopf, a. a. O. (wie Anm. 14), S. 78.

noch einen tieferen Sinn. Das UW bezieht sich mit der Nennung von Saat und Ernte nicht nur auf die beiden Ereignisse, die das bäuerliche Leben bestimmen, sondern auch auf die beiden Grunddaten, die Teil der Ordnung sind, auf die die Schöpfung seit der Sintflut gründet. Nachdem Gott durch die Sintflut, die Aufhebung der Scheidungen zwischen Hohem und Tiefem, Nassem und Trockenem, seine Schöpfung verneint hatte, gründet er sie neu, indem er die Trennung von Saat und Ernte, Sommer und Winter, Frost und Hitze, Tag und Nacht setzt (Gen 8,22). Vor diesem Hintergrund betrachtet, ist die Formulierung »und die Ackerleute säeten und schnitten« nicht nur als Überleitung in das Alltägliche zu verstehen, sondern auch als kosmologische Überzeichnung der historischen Ereignisse. Die Weltgeschichte erscheint somit als in einer höheren Dimension überlagert von Saat und Ernte (›So lange die Erde stehet, soll nicht aufhören Samen und Ernte, Frost und Hitze, Sommer und Winter, Tag und Nacht‹).

Der Zusammenhang der Sintflutgeschichte wird so Teil des vom UW aus sich aufbauenden Assoziationsfeldes. Als pars pro toto steht hierfür im UW das erste in Gen 8,22 genannte Paar ›Saat und Ernte‹. Dieser Rekurs auf die Sintflutgeschichte könnte ebenfalls eschatologisch motiviert sein, wie Mt 24,37ff zeigt. Denn hier wird die Wiederkunft des Menschensohnes mit den Tagen Noahs in Beziehung gesetzt (›Gleich aber wie es zu der Zeit Noä war, also wird auch seyn die Zukunft des Menschen Sohnes‹). Und als ob dieser Text Vorlage für Hebels UW gewesen wäre, heißt es dann in Mt 24,40f weiter: ›Dann werden zween auf dem Felde seyn; einer wird angenommen, und der andere wird verlassen werden. Zwo werden mahlen auf der Mühle, eine wird angenommen, und die andere wird verlassen werden.‹ Bei Hebel heißt es dann: »Die Ackerleute säeten und schnitten. Der Müller mahlte« (v. 32f). Wenn man am Mühlstein steht, dann kommt das Ende der alten Schöpfung, die eine neue nach sich zieht. Wie in Mt 24 zeigt sich das Ende des Alten als Bedingung der Möglichkeit für den Beginn des Neuen in Falun ganz überraschend: Nämlich zu dem Zeitpunkt, da sich noch alle Menschen in dem durch Gen 8,22 geprägten (alten) Äon glauben, beginnt sich das Neue abzuzeichnen, indem die Totenauferstehung in der Wiederauffindung des Jünglings proleptisch zeichenhaft sichtbar wird. Mit den vv. 32–35 wird nicht einfach auf das kleine bäuerliche Leben zurückgeblendet, sondern der Blick wird von der kleinen Weltgeschichte auf das große apokalyptische Szenario gelenkt.

Gekonnt erweitern die vv. 34f das biblische Bild von der bereits in den Alltag hineinscheinenden Ewigkeit, indem sie nun noch das Geschäft der Schmiede und Bergleute nennen. Erst hiermit wird im engeren Sinne übergeleitet zu den Ereignissen des Jahres 1809 in Falun. Und der Leser weiß jetzt: Nicht die fünfzig Jahre Weltgeschehen überlagern das Verschwinden und die Wiederauffindung des Bergmannes, sondern umgekehrt. Die die Endzeit abbildenden Ereignisse in Falun überschatten die Weltgeschichte. Deswegen bilden die zwei Tage hier und die zwei Tage dort den Rahmen um die in geraffter Art dargestellten fünfzig Jahre, und: Ist die Weltgeschichte vom Zuendegehen bestimmt, so sind die zwei Tage, die es jetzt zu erzählen gilt, ganz in den Farben des Aufbruchs in die neue Schöpfung gezeichnet.

Die Einführung des nun Folgenden mit »Als aber« (v. 36) markiert den Beginn eines neuen Kompositions-Abschnittes, des Teils B, der in seinem Erzählungs-Zeitraum von zwei Tagen mit den zwei Tagen des Teils A korrespondiert. Dabei fällt zunächst die syntaktisch nicht ganz saubere Satzstruktur auf. Der Nebensatz »Als aber die Bergleute in Falun im Jahr 1809 [...] eine Öffnung durchgraben wollten« wird nicht ›richtig‹ fortgeführt. Denn der Hauptsatz, der eigentlich nun zu folgen hätte, müßte mit dem Prädikat »gruben sie [...] heraus« beginnen. Stattdessen beginnt nun ein neuer Hauptsatz, der mit der lokaladverbialen Bestimmung »gute dreyhundert Ehlen tief« ansetzt. Dieses Anakoluth läßt den neuen Hauptsatz in v. 37 in einer gewissen Plötzlichkeit und Unvermitteltheit hervortreten. Somit spiegelt sich in der Textstruktur die plötzliche, unerwartete Auffindung des Jünglings, über der das eigentliche Vorhaben der Bergleute – nämlich eine Öffnung durchzugraben – unvollendet bleibt. Stattdessen graben die Bergleute den Jüngling aus. Der Schacht bleibt unvollendet, so wie der Satz v. 36 unvollendet und damit Anakoluth bleibt. In ihrem Alltagsgeschäft werden die Bergleute plötzlich überrascht, indem sie einen Leichnam finden, der »unverwest und unverändert war« (v. 37). Dabei wird mit der tautologischen Doppelung von »unverwest und unverändert« jetzt schon der Kontrast zu der ebenfalls tautologisch die Braut beschreibenden Wendung »grau und zusammengeschrumpft« (v. 43) vorbereitet.

Bindet der v. 36 mit »Als aber« an das »als aber« von v. 7 an, so greift er auch auf die nur noch in v. 1 auftretende Lokalbestimmung »in Falun« zurück, wobei die Ergänzung »in Schweden« (v. 1) nun ausgelassen wird. Eine weitere Entsprechung der beiden Verse besteht darin, daß sie beide von einer gewissen Gleichgültigkeit einer genauen Datierung oder Datumsangabe gegenüber geprägt sind. So heißt es in v. 1 doppelt relativierend »vor guten fünfzig Jahren und mehr« und in v. 36 »etwas vor oder nach Johannis«. Diese Ungenauigkeit ist nicht zufällig, sondern literarisch und theologisch motiviert.

Zunächst einmal ist die Auswahl der beiden Datumsangaben ›St. Johannis‹ und ›St. Luciä‹ bedeutsam. Knopf hat darauf aufmerksam gemacht, daß »die ›natürliche‹ Chronologie, der Jahreskreislauf, aufgenommen [wird] in zwei Tagesdaten, die der Kalenderschreiber wohl kaum zufällig gewählt haben wird, St. Lucia und St. Johannis«[49]. Denn nach den Bauernregeln ist »St. Lucia nicht nur der klassische Ehetermin, sondern auch der kürzeste Tag im Jahr«[50]. Nach Faber »hebt [scil. an St. Johannis; A. S.] für die Liebenden mit dem ›unverhofften Wiedersehen‹ im Grunde bereits jener kalenderlose Tag an, der in die Ewigkeit mündet«[51]. Nach Wittmann ist der Johannistag Sinnbild des »nicht mehr endende[n] Licht- und Lebensfest[es]«[52]. Die von Eilert Pastor gesammelten Sprüche »Sankt Luzen / Tut den Tag stutzen« und »An Sankt Luzia / Ist der Abend dem Morgen nah«[53] berücksichtigend, interpretiert Knopf: »Der kürzeste Tag und die längste Nacht, die eigentlich die Hochzeitsnacht hätte sein sollen, treten auseinander. Für die Frau wird der Tag ein langer Tag, für den Bergmann gehen Tag und Nacht, wie es

---

[49] Knopf, a. a. O. (wie Anm. 14), S. 78. Vgl. auch Knopf, a. a. O. (wie Anm. 13), S. 137f.
[50] Knopf, a. a. O. (wie Anm. 14), S. 78.
[51] Richard Faber, ›Der Erzähler‹ Johann Peter Hebel, in: Ders. und Norbert W. Bolz (Hgg.), Walter Benjamin. Profane Erleuchtung und rettende Kritik, Würzburg 1982, S. 109-186, hier: S. 128f.
[52] Wittmann, a. a. O. (wie Anm. 8), S. 11f.
[53] Eilert Pastor, Deutsche Volksweisheit in Wetterregeln und Bauernsprüchen, Berlin 1934, S. 448. Pastor nennt weitere Sprüche: »Sankt Luzia kürzt den Tag, / Soviel sie ihn nur kürzen mag« (ebd.). »Sankt Lucia gehen die Tage zum Zunehmen« (ebd.).

St. Lucia symbolisiert, ineinander über: er tut einen langen Schlaf. Der lange Tag der Braut symbolisiert sich im zweiten Datum, St. Johannis, dem 24. Juni, der als der längste Tag im Jahr nach dem Alten Kalender gilt.«[54] »Wenn Johannes ist geboren / Gehen die langen Tage verloren.«[55]

So treffend diese Interpretationen sind, so erschöpfen sie dennoch nicht den vollständigen Gehalt der Bedeutung der beiden Datumsangaben St. Johannis und St. Luciä. Zwar bildet der Johannis-Tag – der längste Tag im Jahr – die endgültige Erfüllung der Liebe der beiden in der neuen Schöpfung (»und bald wirds wieder Tag«) schon ab. Aber die Brisanz scheint mir noch an andrer Stelle zu liegen. Die Braut sagt nämlich »und bald wirds wieder Tag«, obwohl dem Johannistag zunächst einmal das genaue Gegenteil folgen wird. Denn es wird zunächst einmal nicht Tag werden, sondern jetzt nach der Sommer-Sonnenwende werden die Tage ein halbes Jahr lang immer kürzer und die Nächte zunehmend länger werden. Das bringt auch die dem Leser des Kalenders u. U. so oder ähnlich geläufige Bauernregel zum Ausdruck: »Von Sankt Johann / Läuft die Sonne winteran.«[56] Das hoffnungsvolle »und bald wirds wieder Tag« kennzeichnet damit den kontrafaktisch gegen den Jahresablauf stehenden Glauben der Braut, der sie trotz der bevorstehenden Abnahme der Tage auf das Licht hoffen läßt. Angesichts der sich in der angefangenen Totenauferstehung abzeichnenden neuen Schöpfung überwindet die Braut mit den Augen des Glaubens den fest gefügten Jahresablauf, der die nun vorübergehende alte Schöpfung kennzeichnet. Die Braut tut das, indem sie sagt »und bald wirds wieder Tag«, obgleich ihr lange Herbst- und Winternächte bevorstehen. Damit ist für die Braut schon jetzt die neue Schöpfung angebrochen, die keine Unterscheidung mehr zwischen Tag und Nacht kennt, in der es nur noch Tag und licht ist. Hier bricht schon »jener kalenderlose Tag an, der in die Ewigkeit mündet, jener Tag, der die scheinbare Nacht des Todes als Irrtum aufhebt«[57], wie Faber richtig gesehen hat, ohne aber den biblisch-eschatologischen Hintergrund eruiert zu haben.

---

[54] Knopf, a. a. O. (wie Anm. 14), S. 79.
[55] Pastor, a. a. O. (wie Anm. 53), S. 435.
[56] Ebd.
[57] Faber, a. a. O. (wie Anm. 51), S. 128f.

Sach 14 beschreibt den Tag des Herrn, der die Neuschöpfung bringt. Zunächst wird der Urzustand der Finsternis eintreten (Gen 1,2), in dem kein Licht ist und sich die Sterne zusammenziehen (Sach 14,6). Danach jedoch wird der neue Tag eins der neuen Schöpfung kommen (14,7) – ganz in Analogie zum Tag eins der alten Schöpfung (Gen 1,5), jedoch mit einer wichtigen Neuerung: von nun an werden Tag und Nacht nicht mehr unterschieden sein; das verdeutlicht die doppelte Verneinung ›weder Tag noch Nacht‹ (Sach 14,7), denn auch ›um den Abend wird es Licht seyn‹. Ganz ähnlich weissagt auch Jes 60,19–21 die neue Schöpfung. Im neuen Äon wird es keine Nacht mehr geben; Sonne und Mond werden nicht mehr scheinen (›Die Sonne soll nicht mehr des Tages dir scheinen, und der Glanz des Mondes soll dir nicht leuchten‹; Jes 60,19), noch wird die Sonne untergehen oder der Mond abnehmen (›Deine Sonne wird nicht mehr untergehen, noch dein Mond den Schein verlieren‹; Jes 60,20). Denn Gott allein wird das Licht sein. Diese alttestamentliche Endzeiterwartung, die mit der Ankündigung des Tages des Herrn zumindest in Sach 14 in Verbindung steht, ist auch in die Apk eingeflossen. Das letzte Buch der Bibel greift Motive der Tag des Herrn-Ankündigung auf (vgl. Apk 1,10), um die Wiederkehr Christi verheißend zu beschreiben. In Analogie zu Sach 14 und Jes 60 spricht Apk 21,23 von der Aufhebung der Unterscheidung von Tag und Nacht. Weder Sonne noch Mond werden am Jüngsten Tag scheinen, sondern allein die Herrlichkeit Gottes wird für Erleuchtung sorgen (›Und die Stadt darf keiner Sonne, noch des Mondes, daß sie ihr scheinen; denn die Herrlichkeit Gottes erleuchtet sie, und ihre Leuchte ist das Lamm‹; Apk 21,23). Das Thema der endzeitlichen Nivellierung von Tag und Nacht erneut aufnehmend, heißt es in Apk 22,5 noch einmal: ›Und wird keine Nacht da seyn, und nicht bedürfen einer Leuchte oder des Lichts der Sonne, denn Gott der Herr wird sie erleuchten.‹

Auf diesen Tag hofft die Braut des UW, und für sie ist er kontrafaktisch glaubend schon angebrochen. Angesichts der beginnenden Totenauferstehung, die die Braut als zeichenhaft vorweggenommene erlebt, wird es wieder Tag: der neue Tag eins ist gemeint, der sich nicht mehr in die Nacht hinein versenkt.

Dies wirft nun auch Licht auf die oben beobachtete Ungenauigkeit der Datierung in v. 1 (»vor guten fünfzig Jahren und mehr«)

und v. 36 (»im Jahr 1809 etwas vor oder nach Johannis«). Denn wenn erst die Trennung zwischen Tag und Nacht und Hell und Dunkel aufgehoben sein wird, was zählt dann noch die Einteilung des Jahres in Sommer und Winter, in »etwas vor oder nach«! Datierungen müssen noch gegeben werden, aber – soweit hat sich der neue Äon schon offenbart – das Licht des neuen Tages eins leuchtet schon so stark, daß der von Saat und Ernte, Sommer (St. Johannis) und Winter (St. Luciä) bestimmte Kalender des alten Äon mit einer gewissen Gleichgültigkeit behandelt werden kann und muß.

Ein näherer Blick auf die literarische Motivation, den Tag der Wiederauffindung des Bergmanns auf St. Johannis zu datieren, ist in diesem Zusammenhang wichtig. Der Leser darf – so er mit dem Kirchenjahr vertraut ist wie der Kirchen- und Kalendermann Hebel – die alttestamentliche Lesung auf diesen Tag konnotieren: Jes 40,1-5. Nach Lk 1,36 findet die Geburt Johannes des Täufers sechs Monate vor derjenigen Jesu statt. Deswegen wird der Johannistag sechs Monate vor dem 24. 12. gefeiert, am 24. 6. Schon Augustin war sich dessen bewußt, daß der Johannistag mit der Sommer-Sonnenwende zusammenfällt: »Hodie natus est Joannes, quo incipiunt decrescere dies.«[58] Bereits hier wird der Johannistag in Verbindung mit Joh 3,30 gesehen: ›Er muß wachsen, ich aber muß abnehmen‹, was sich auch in den Bauernregeln spiegelt: »Christus muß wachsen, ich aber abnehmen, sagt Johannes.«[59] Der alttestamentliche Text, der zum liturgischen Proprium des Johannistages gehört, ist Jes 40,1-8, da Johannes der Täufer sich als die Stimme eines Rufenden in der Wüste nach Jes 40 bezeichnet hat (Mk 1,3). Jes 40,4 kündigt die eschatologische Nivellierung von Hohem und Tiefem an: ›Alle Thäler sollen erhöhet werden, und alle Berge und Hügel sollen geniedriget werden, und was ungleich ist, soll eben, und was hökericht ist, soll schlecht werden.‹ Mit dieser Nivellierung wird Gott ›eine ebene Bahn‹ (Jes 40,3) geschaffen. Diese endzeitliche Nivellierung, die alles

---

[58] Augustin, De St. Joanne, Sermo VIII, zit. nach J. Wagenmann und Albert Freybe, Art.: Johannisfeuer In: Real-Encyklopädie für protestantische Theologie und Kirche, 3. Aufl., Bd. 9, Leipzig 1901, S. 328-330, hier: S. 330. Vgl. auch Augustin, In Iohannis Euangelium Tractatus CXXIV (Corpus Christianorum Series Latina Bd. 36), Turnhout 1954, Tractatus XIV, 5, S. 144, 22-25: »Illum oportet crescere, me autem minui. Deinde natus est Christus iam inciperent crescere dies, natus est Iohannes quando coeperunt minui dies.«
[59] Pastor, a. a. O. (wie Anm. 53), S. 435.

in den Bergen Verborgene sichtbar werden läßt, fängt mit den Ereignissen in Falun an, Wirklichkeit zu werden. Sie bildet sich darin ab, daß der im Bergwerk fünfzig Jahre lang verborgene Jüngling an das Tageslicht hervorkommt. In diesem Zusammenhang ist auch die Geschichte »Der Spaziergang an den See« zu verstehen, wo Hebel den Doktor innerhalb seiner endzeitlichen Vision sagen läßt: »Wie wird er alle Gruben zuwerfen lassen, damit Niemand hineinfällt, weil jezt vor der Hand Metall genug zu Tag ist, besonders Messing und Eisen.«[60] Und auch von der Aufhebung des Unterschiedes von Tag und Nacht spricht »Der Spaziergang«, wenn es dort heißt: »Das Morgenroth geht dem menschlichen Geschlecht am Abend auf – das ist alles – und verschießt schnell im aufgelösten Sternenlicht eines neuen Himmels und einer neuen Erde.«[61] Dieselbe Thematik leuchtet noch einmal auf, wenn Hebel die Geschichte abschließt mit der Frage der Amtsrätin an das Liebespaar und der Antwort des Rechtspraktikanten: »Kinder, wo seyd ihr gesteckt, und habt ihr auch die Sonne gesehen schön untergehen? Und die Jungfrau in ihrer Unschuld und Wahrheit gestand Nein. Der Jüngling aber dachte: Unter nicht, aber auf.«[62]

Ist im UW der kürzeste Tag im Jahr nach den Bauernregeln, St. Luciä, derjenige Tag, der das Leben der Braut prägt, so kann Hebel in einem Briefgedicht den Thomastag, den 21. Dezember, also den kürzesten Tag im Jahr, als Gleichnis für das menschliche Leben bezeichnen. »Trauriger Polymeter. ›Die Erde ligt im Norden und im Winter des Weltalls. Wer auf ihr geboren wird, deß Tag ist kurz, und die Nacht, die ihn begrabt, währt lang. Anderst. ›Das menschliche Leben ist ein Thomastag im Welt-all.‹[63] Gegen diese Bestimmung des menschlichen Lebens durch Nacht und Finsternis richtet sich die endzeitliche Hoffnung der Braut im UW: »und bald wirds wieder Tag.«

Ein weiteres biblisches Fundament hat das UW darin, daß v. 37 den wiederaufgefundenen Leichnam durch die gepaarten Adjektive »unverwest und unverändert« näher bestimmt. Ein weiterer eschatologischer Text gerät somit ins Blickfeld: 1Kor 15. Mit der letzten

---

[60] Hebel III, S. 628.
[61] Ebd., S. 631.
[62] Ebd., S. 633.
[63] Hebel, Briefe, S. 455. 1. 1. 1810 an Haufe.

Posaune (1Kor 15,52) werden ›plötzlich in einem Augenblick‹ die Toten auferstehen, und zwar ›unverweslich‹. Den Unterschied zwischen der alten und der neuen Schöpfung, die als durch Verweslichkeit bzw. Unverweslichkeit bestimmt einander gegenüberstehen, schärft der Text 1Kor 15 vierfach ein: ›Es wird gesäet verweslich, und wird auferstehen unverweslich‹ (v. 42), ›auch wird das verwesliche nicht erben das unverwesliche‹ (v. 50), ›Denn dis verwesliche muß anziehen das unverwesliche, und dies sterbliche muß anziehen die Unsterblichkeit‹ (v. 53; vgl. v. 54). Mit der Auferstehung der Toten werden die Menschen als Unverwesliche der Herrlichkeit des unverweslichen Gottes (Röm 1,13; 1Tim 1,17) gleich und sind nicht mehr als Verwesliche von Gott unterschieden.

Zwar erscheint der wiederaufgefundene Jüngling noch nicht als der Unverwesliche, aber sehr wohl schon als der Unverweste. In seinem Unverwestsein läßt er bereits auf die künftige Unverweslichkeit vorausblicken und hoffen. Von hier aus läßt sich die Weissagung der neuen Schöpfung und der künftigen Unverweslichkeit im neuen Äon neu lesen: von der proleptisch-zeichenhaften Erfüllung, die als erneute Weissagung weiterwirkt. Die eschatologische Differenz aber besteht darin, daß der Leichnam noch »unverändert« ist. D. h. er hat die in 1Kor 15,51f angekündigte Verwandlung, die mit der Auferstehung einhergeht, noch nicht erfahren: ›Wir werden aber alle verwandelt werden […] und die Todten werden auferstehen unverweslich, und wir werden verwandelt werden.‹ Man könnte auch sagen, daß die erste Phase der von Ez 37 geweissagten Totenauferstehung in der Auffindung des Jünglings in Erfüllung gegangen ist. ›Und siehe, da rauschte es, als ich weissagte, und siehe, es regte sich; und die Gebeine kamen wieder zusammen, ein jegliches zu seinem Gebeine. Und ich sahe, und siehe, es wuchsen Adern und Fleisch darauf und er überzog sie mit Haut; es war aber noch kein Odem in ihnen‹ (Ez 37,7f). In dieser ersten Phase erhalten die Totengebeine ihre leibliche Beschaffenheit zurück, ihnen fehlt aber noch der lebensstiftende Geist, so wie auch der wiedergefundenen Leiche im UW. Die zweite Phase, die Begabung mit Geist (›Da kam Odem in sie, und sie wurden wieder lebendig, und richteten sich auf ihre Füsse‹; Ez 37,10) steht noch aus, auf sie hofft die Braut noch, indem sie sagt: »Was die Erde einmal wieder gegeben hat, wird sie zum zweytenmal auch nicht behalten.«

Absichtlich benutzt der Text des UW in v. 37 den unbestimmten Artikel »der Leichnam eines Jünglings«. Der Text weist somit auf den weiteren Handlungsablauf voraus: Kein Mensch erkennt den Jüngling. Das bringt die in die als Anakoluth unvollendet gebliebene Satzkonstruktion eingeschobene Parenthese zum Ausdruck (v. 41): »kein Mensch wollte den schlafenden Jüngling kennen oder etwas von seinem Unglück wissen.« Dabei wird der Grund vorangestellt und ebenfalls in der Parenthese genannt: »Vater und Mutter, Gefreundte und Bekannte waren schon lange todt« (v. 40). Der Leser hat damit einen gewissen Wissensvorsprung vor den handelnden Personen auf der Textebene der vv. 36–41.

Es fällt auf, daß der Leichnam mit einer Reihe von Vergleichen umschrieben wird. Der Jüngling sieht aus, als wäre er gerade erst gestorben (»als wenn er erst vor einer Stunde gestorben«). Dieser erste Vergleich wird dann sofort verdoppelt durch die Wendung »oder ein wenig eingeschlafen wäre« (v. 38). Dieses Spiel mit den Verben ›gestorben sein‹ und ›schlafen‹ setzt sich fort in der Formulierung »kein Mensch wollte den schlafenden Jüngling kennen« (v. 41). Zunächst könnte man dies für einen bloßen Euphemismus halten. Doch werden ›sterben‹ und ›schlafen‹ hier deswegen zu Synonymen, da das UW in den Kontext von Joh 11 gestellt ist. Vor seinen Jüngern spricht Jesus vom Tode des Lazarus als von einem Schlaf, wenn er sagt: ›Lazarus, unser Freund, schläft; aber ich gehe hin, daß ich ihn auferwecke‹ (Joh 11,11). Die Jünger mißverstehen dies, und der Evangelist merkt dies parenthetisch an, indem er sich kommentierend in die Erzählung einschaltet: ›Jesus aber sagte von seinem Tode; Sie meinten aber, er redete vom leiblichen Schlaf‹ (Joh 11,13). Angesichts des letzten Tages, der nicht, wie Martha meint, in weiter Ferne liegt (›Ich weiß wohl, daß er auferstehen wird in der Auferstehung am jüngsten Tage‹; v. 24), sondern mit dem Auftreten Jesu Wirklichkeit wird (›Ich bin die Auferstehung und das Leben‹), wird aus dem Tod ein Schlaf. Daher heißt es auch im Choral »Mit Fried und Freud fahr ich dahin«: »Der Tod ist mein Schlaf worden.«[64] Wie beim leiblichen Schlaf das Ende desselben, das Aufwachen, absehbar ist, so wird in Joh 11 der Tod deswegen zum Schlaf, weil das Ende und die Überwindung des Todes endzeitlich in nächste Nähe gerückt sind.

---

[64] Evangelisches Kirchengesangbuch (EKG) 310,1.

Genauso wie Martha zum Glauben an die Auferweckung dadurch kommt, daß Jesus sie durch sein Selbstzeugnis und Tun lehrt, diese Auferweckung als Naherwartung zu glauben, so gelangt auch die Braut des UW zu diesem Glauben, indem sie sagt »was die Erde einmal wieder gegeben hat, wird sie zum zweytenmal auch nicht behalten« (v. 62). Somit läßt das UW wie Joh 11 den Tod zum Schlaf werden, indem mit der sich abzeichnenden Erfüllung der Verheißungen von Ez 37 und 1Kor 15 die Auferweckung vom Tode so nahe gerückt ist wie das Aufwachen dem Einschlafen das Nächste ist. Daher betont Hebel auch in der Nacherzählung von Joh 11 in seinen »Biblischen Geschichten« die johanneische Bezeichnung des Todes als Schlaf: »Da that sich das Auge des Erblaßten zu einem neuen Leben auf, da erhoben sich seine Gebeine zu einem neuen Leben. Er kam hervor, wie wenn er nur geschlafen hätte, und kehrte nachher mit den Seinigen in ihre Wohnung zurück.«[65]

Im Kontrast zum Jüngling, der »unverwest und unverändert« ist, kommt die Braut »grau und zusammengeschrumpft« an den Platz, an dem die Leute stehen, die den Leichnam nicht erkennen. Da die in v. 39 mit »als man« beginnende Satzkonstruktion unvollendet und damit Anakoluth bleibt, fällt auf die Temporalbestimmung »bis die ehemalige Verlobte des Bergmanns kam« (v. 42) ein besonderer Ton. Die Alte allein kennt den Wiedergefundenen noch. Die Formulierung »die ehemalige Verlobte [...] kam« wird dann im folgenden Vers (»kam sie an einer Krücke an den Platz«) wiederholt. Die Handlung verlangsamt sich hier. Man meint, den gebrechlichen Schritt der Braut beim Lesen regelrecht zu spüren. Und gleichzeitig baut sich durch diese Verlangsamung der Erzählung beim Leser Spannung auf, die aufgelöst wird in der feststellenden Notiz »und erkannte ihren Bräutigam« (v. 43).

Dieses Motiv des Zurückkehrens in die Heimat nach vielen Jahren, in der einen keiner mehr erkennt, muß Hebel sehr beschäftigt haben, da es auch in seinem Briefwerk begegnet. Ähnlich geht es ihm selbst, wenn er ins heimatliche Oberland zurückkehrt: »Ich nahm den nächsten Weg über Oetlingen, Röttlen, Egringen und Hertingen, wo ich viele, die mir einst werth waren, nimmer fand, wenige mehr kannte, was 20 Jahr und darunter war, wußte nichts

---

[65] Hebel V, S. 175.

mehr von mir; ich hatte etwas von der Empfindung, wie wenn ein Verstorbener nach 100 Jahren wieder käme, und den Schauplatz seines verwehten Lebens wieder besuchte.«[66] Auch das Motiv des aus einem Gletscher oder aus einem Bergrutsch Wiederkehrenden begegnet in Hebels Briefen gepaart mit eschatologischer Metaphorik.[67] Konstitutiv für die folgende Szene ist wieder die Antithetik, der Kontrast zwischen der Braut, die mehr mit freudigem Entzücken als mit Schmerz (v. 44) auf die Leiche niedersinkt, und den Umstehenden, die bei diesem Anblick »von Wehmuth und Thränen ergriffen« (v. 48) werden. Die Zeit der Trauer ist für die Braut vergangen, sie kann sich beim Anblick des Bräutigams freuen, nicht so die Umstehenden. Nicht nur durch die »mehr als«-Konstruktion wird das Moment der Freude hervorgehoben, sondern auch durch den Pleonasmus »mit freudigem Entzücken« (v. 44). Dieser Kontrast wird in der Rede der Braut weiter ausgebaut. Absichtsvoll läßt der Text die Braut auf ihre Trauer plusquamperfektisch zurückblicken. Es heißt also nicht, wie man erwarten könnte: ›Es ist mein Verlobter, um den ich [...] getrauert habe‹, sondern: »um den ich getrauert hatte« (v. 46). Damit rückt die Trauer auf dieselbe temporale Ebene, auf der auch der Grund der Trauer – das Nimmer-Wiederkehren – angesiedelt ist: »der eines Tages auf die Schicht gegangen war« (v. 42). Die Trauer der Braut ist mit dem unverhofften Wiedersehen vorbei, und mehr noch: Die Trauer rückt angesichts des freudigen Ereignisses in den Hintergrund, da sie überwunden ist – endzeitlich überwunden. Die fünfzig Jahre der Trauer sind mit einem Mal soweit in die Ferne der Vergangenheit gerückt wie das Ereignis des Tages selbst, mit dem die fünfzig Jahre begonnen haben, d. h. begonnen hatten.

Eine endzeitliche Situation ist damit erreicht. Denn bei dem Ereignis, das die Umstehenden für so traurig erachten, daß sie »von Wehmuth und Thränen ergriffen« werden (v. 48), sinkt die Alte »mehr mit freudigem Entzücken als mit Schmerz auf die geliebte Leiche nieder« und muß sich zunächst »von einer langen heftigen Bewegung des Gemüths« erholen (v. 45) – von einer freudigen Ge-

---

[66] Hebel, Briefe, S. 117. 25. 10. 1801 an Gustave Fecht.
[67] Vgl. J. A. Steiger, Bibel-Sprache, Welt und Jüngster Tag bei Johann Peter Hebel. Erziehung zum Glauben zwischen Überlieferung und Aufklärung (= Arbeiten zur Pastoraltheologie 25), Göttingen 1994, S. 237.

mütsbewegung versteht sich aus dem Kontext wohl von selbst –, bevor sie zu sprechen anheben kann. Angesichts der endzeitlich hier und jetzt wahr werdenden Totenauferstehung sind die Tränen der Braut bereits abgewischt, endzeitlich abgewischt, wie die Apk sagt: ›Und Gott wird abwischen alle Thränen von ihren Augen‹ (Apk 7,17; vgl. 21,4). Die Braut wird nicht wie die Umstehenden von Wehmut und Tränen ergriffen, denn es ist bereits kein Geschrei mehr (›und der Tod wird nicht mehr seyn, noch Leid, noch Geschrei, noch Schmerzen wird mehr seyn‹; Apk 21,4). Die Trauer gehört zur vollendeten, angesichts der Endzeit vergangenen Vergangenheit (»um den ich fünfzig Jahre lang getrauert hatte«, UW 46). Und der Schmerz muß der endzeitlichen Freude, dem »freudigen Entzücken«, weichen. Damit hat das UW die drei in Apk 21,4 verneinten, den alten Äon bestimmenden Gemütsbewegungen Leid, Geschrei, Schmerzen als aufgehoben dargestellt, denn hier und jetzt in Falun beginnt sich zu offenbaren, daß der Tod nicht mehr ist (Apk 21,4). Doch die Umstehenden weinen noch und befinden sich damit in derselben Situation wie Maria und die Juden in Joh 11,33, die auch weinen, obwohl der Beginn der allgemeinen Totenauferstehung, die Christus an Lazarus exemplarisch vollzieht, kurz bevorsteht.

An zwei Stellen des UW treten komparativisch formulierte Vergleiche auf. Einmal in der Rede der Braut am Anfang des UW (»und ohne dich möchte ich lieber im Grab seyn, als an einem andern Ort«, v. 6) und ein anderes Mal in v. 44: »und mehr mit freudigem Entzücken als mit Schmerz sank sie auf die geliebte Leiche nieder.« Diese beiden Vergleiche stehen in einem gewissen Kontrast zueinander. Denn anhand des eher freudigen als schmerzhaften Entzückens muß die Braut erfahren, daß das frühere »lieber [...] als« keine Alternative darstellt. Vielmehr erfüllt sich die Liebe gerade im Grab, nachdem sich die Braut fünfzig Jahre an einem anderen Ort als der Bräutigam aufgehalten hat, obwohl sie das nicht wollte. Ein »ohne dich« (v. 6) gab es also für die Braut, aber nicht im Grab.

Die Braut selbst nimmt ihre Hoffnung auf den neuen Tag eins, den ersten Tag der neuen Schöpfung nach Sach 14,7, die in der Formulierung »und bald wirds wieder Tag« zum Ausdruck kommt, in der Wendung »acht Tage vor der Hochzeit ist er auf die Grube gegangen« vorweg. Denn diese acht Tage sind für die Braut zu langen fünfzig Jahren geworden. Nach diesen fünfzig Jahren erst geht der achte Tag der Hochzeit in Erfüllung. So begleitet die Braut ihren Bräutigam »in ihrem Sonntagsgewand, als wenn es ihr Hochzeittag und nicht der Tag seiner Beerdigung wäre« (v. 54). Damit ist nicht nur der achte Tag, der Hochzeitstag, in Erfüllung gegangen, sondern gleichzeitig ist damit auch auf den achten Tag, d. h. auf den ersten Tag der neuen Schöpfung (7+1) verwiesen. Trotz der Beerdigung beginnt die Hochzeit, und mit der Beerdigung fängt die neue Schöpfung an.

Der Text bezeichnet den wiedergefundenen Bergmann als »Bräutigam« (v. 43), und die Braut identifiziert den Leichnam, indem sie sagt: »es ist mein Verlobter« (v. 46). In v. 48 dagegen wird die Frau – auf den ersten Blick scheint dies fast ein Widerspruch zu den vorhergehenden Benennungen zu sein – »die ehemalige Braut« genannt (vgl. v. 42: »die ehemalige Verlobte«). Doch auf den zweiten Blick wird deutlich, daß die Umstehenden – weil sie die Situation nicht »mehr mit Freude als mit Schmerz« begreifen können – in der alten Frau nur die ehemalige Braut sehen können, da bei ihnen die Tränen noch nicht abgewischt sind, weil sie die hier und jetzt offenbar werdende Neuschöpfung (noch) nicht begreifen. Für die Braut dagegen wird das einst gegebene Versprechen wieder gültig, denn jetzt ist die Zeit da, die die Verlobung zur Erfüllung bringen wird. Es ist nur »noch ein Tag oder zehen im kühlen Hochzeitbett« (v. 57).

Gegen Ende des Spannungsbogens des UW wird mittels des Allusionsfeldes ein Bogen zurück an den Anfang der Erzählung gespannt, denn noch einmal tritt das Hld in den Blick des Lesers. So lehrt die »Flamme der jugendlichen Liebe« (v. 49), die in der Brust der Braut nach fünfzig Jahren noch einmal entflammt, den Wahrheitsgehalt des Hld zu erkennen. Denn das UW zeigt, daß die Flamme der Liebe nicht weggeschwemmt werden kann, daß sie stärker ist als der Tod: ›Seze mich, wie ein Siegel auf dein Herz, und wie ein Siegel auf deinen Arm. Denn Liebe ist stark, wie der Tod; und Eifer ist vest, wie die Hölle. Ihre Glut ist feurig, und eine Flamme des Herrn, Daß auch viele Wasser nicht mögen die Liebe auslöschen, noch die Ströme sie ersäufen‹ (Hld 8,6f).

In typisch biblischer Redundanz zeigt v. 52, wie aus dem »bis« ein »als« wird. Die Wendung »bis sein Grab gerüstet sey auf dem Kirchhof« wird in dem Satz »den andern Tag, als das Grab gerüstet war auf dem Kirchhof« wieder aufgegriffen – und zwar in derselben charakteristischen epiphorischen Nachstellung der Lokaladverbiale »auf dem Kirchhof«. Die eben beschriebene Doppelung der die Grablegung erzählenden Wendungen wird gerahmt durch die Handlung und das Auftreten der Bergleute. Damit entsteht ein textstruktureller Chiasmus:

»wie sie ihn endlich von den Bergleuten in ihr Stüblein tragen ließ«	»bis sein Grab gerüstet sey auf dem Kirchhof«
»Den andern Tag als das Grab gerüstet war auf dem Kirchhof«	»und ihn die Bergleute holten«

Darüber hinaus stehen aber auch »Stüblein« und »Grab« in einer Beziehung zueinander, die vom Ende her klar wird. Das Hochzeitsbett, das man eher im Stüblein (- im Nestlein -) erwartet hätte, ist aufgestellt im Grabe. Auch ist es tiefgründig, daß Verkleinerungs-Formen nur in den beiden Lexemen »Nestlein« und »Stüblein« begegnen. Wollten Braut und Bräutigam in ihrer Jugend ein Nestlein für ihre Liebe bauen, so führt der Weg zur Vollendung des Nestleins im Grab über das Stüblein der alten Braut.

Die beiden Wendungen »bis sein Grab gerüstet sey auf dem Kirchhof« und »als das Grab gerüstet war auf dem Kirchhof« schließen eine ganze Reihe von ähnlichen Teiltextstrukturen ab. Denn ganz ähnlich ungewöhnliche Stellungen von Adverbial-Bestimmungen am Satzende finden sich im UW noch dreimal:

»und die Bergleute gruben nach den Metalladern in ihrer unterirrdischen Werkstatt« (v. 35)
»als wenn er erst vor einer Stunde gestorben, oder ein wenig eingeschlafen wäre, an der Arbeit« (v. 38)
»›es ist mein Verlobter,‹ sagte sie endlich, um den ich fünfzig Jahre lang getrauert hatte, und den mich Gott noch einmal sehen läßt vor meinem Ende« (v. 46)

Dieses Stilmittel der Inversion, das sich auch an anderen Stellen des UW beobachten läßt, zieht sich durch den gesamten Text und gibt ihm ein einheitliches stilistisches Gepräge. Dazu tragen natürlich auch die immer wieder auftretenden Anakoluthe bei und sonstige bewußt eingesetzte Stilmittel der poetischen Rhetorik. Hebel selbst wußte darum, daß die Einfachheit seiner Sprache eine hochreflektierte und nicht eine naiv-unmittelbare ist, sondern eine anzustrebende Kunstform, wenn er über seine Arbeit am Kalender schreibt: »So leicht alles hingegossen scheint, so gehört bekanntlich viel mehr dazu etwas zu schreiben, dem man die Kunst und den Fleiß nicht ansieht, als etwas, dem man sie ansieht und das in der nemlichen Form um den Beyfall der Gebildetsten zugleich und der Ungebildetsten ringt.«[68]

So wie sich die Braut selbst, dem hohen Anlaß ihres Hochzeitstages entsprechend, mit ihrem »Sonntagsgewand« schmückt, so schmückt sie auch ihren Bräutigam mit einem Halstuch – doch nicht mit irgendeinem Halstuch, sondern mit demjenigen, das sie einst weggelegt und aufbewahrt hatte.

Der nun folgende Abschnitt vv. 55–61 ist ganz vom Motiv der Kürze der Zeit bestimmt: »noch einen Tag oder zehen« (v. 57) / »nicht lange« (v. 58) / »nur noch wenig zu thun« (v. 59) / »komme bald« (v. 60) / »bald wirds wieder Tag« (v. 61). Die biblische Rede von der endzeitlichen Zeitverkürzung rückt somit in den Horizont des UW und bringt die Hoffnung der Braut auf die sich erfüllende Neuschöpfung als Naherwartung kunstvoll zum Ausdruck. So wird auch hier der apokalyptische Hintergrund des UW weiter ausgebaut, indem die Bedingung der Möglichkeit, endzeitlich gerettet zu werden, konstitutiv für die Geschichte in Falun wird – die Zeitverkürzung (›Und wo diese Tage nicht würden verkürzt, so würde kein Mensch selig; aber um der Auserwählten willen werden die Tage verkürzet‹; Mt 24,22). Dabei erinnert vor allem die im UW angegebene Frist von ein bis höchstens zehn Tagen bis zur Erfüllung der Zeit, da es wieder Tag werden soll, an Apk 2,10: ›Siehe, der Teufel wird etliche von euch ins Gefängniß werfen, auf daß ihr versucht werdet; und werdet Trübsal haben zehen Tage. Sei getreu bis an den Tod, so will ich dir die Krone des Lebens geben.‹ In dieser endzeitlichen Prüfung spiegeln sich die zehn Tage der Prüfung Daniels am Hofe Nebukadnezars (Dan 1,12.14). Angesichts der im UW begonnenen Endzeit kann es sich nach Apk 2,10 nur noch um zehn Tage handeln, bis der neue Tag eins eintritt. Gleichzeitig hofft die Frau auf weitere Zeitverkürzung (»und laß dir die Zeit nicht lange werden«; v. 58) und nennt hoffnungsvoll die verkürzte Frist zuerst: »Noch einen Tag oder zehen«. Der neue Himmel und die neue Erde sind hier und jetzt so nahe gerückt, daß es sich höchstens noch um zehn Tage Drangsal handeln kann, wenn

---

[68] Hebel, Briefe, S. 453. 8. 12. 1809 an Theodor Friedrich Volz.

nicht gar – wenn die Zeit verkürzt wird – nur noch um einen einzigen Tag, bis das Erwartete endgültig eintrifft.

So beginnen alle im UW vorher gesponnenen Fäden, am Ende der Geschichte zusammenzulaufen, um sich zu einer Textur zu verweben. Einerseits bildet sich in der mit ihrem Sonntagsgewand geschmückten Braut das neue Jerusalem ab, das wie eine geschmückte Braut vom Himmel herabsteigen wird (›Und ich Johannes sahe die heilige Stadt, das neue Jerusalem, von Gott aus dem Himmel herabfahren, zubereitet als eine geschmükte Braut ihrem Mann‹; Apk 21,2). Andererseits wird das apokalyptische Mosaik dadurch komplettiert, daß der Braut die Worte des wiederkehrenden Christus, des Bräutigams der Apk, in den Mund gelegt sind. Die Worte der Braut »ich habe nur noch wenig zu thun, und komme bald« (UW 59f) lassen das UW von der zentralen, die Apk und damit die ganze Heilige Schrift abschließenden Verheißung getragen sein: ›Ja, ich komme bald. Amen. Ja, komm Herr Jesu‹ (Apk 22,20; vgl. 3,11: ›Siehe, ich komme bald‹ und 22,7: ›Siehe, ich komme bald‹). In dieser *Verborgenheit* ist Hebels *Christologie* stark.

Dieses die Apk abschließende Diktum scheint Hebel so zentral gewesen zu sein, daß er es auch gewählt hat, um seine »Biblischen Geschichten« damit enden zu lassen: »Es spricht, der todt war, und der lebt: ›Siehe, ich komme bald, und mein Lohn mit mir, zu geben einem jeglichen nach seinen Werken.«[69] Die Behauptung Fabers, Hebel habe die Apk »in seine ›Biblischen Geschichten‹ mit keiner Zeile aufgenommen«[70], ist darum unzutreffend. Das Motiv der Zeitverkürzung benutzt Hebel auch in einem Briefschluß: »Grüßen Sie mir Ihr Bräutlein, und seien Sie mein Fürsprecher bey Ihr, wenns nöthig ist, und laßt Euch die lange lange Zeit nicht zu lange werden, bis die Morgenröthe Eures schönen Tages aufgeht, oder vielmehr die Abendröthe.«[71] Deswegen erzählt Hebel von der endzeitlichen Zeitverkürzung in einer Kalender-, also in einer Kurz-Geschichte. Insofern bildet die Gattung, zu der das UW zu zählen ist, das Thema der endzeitlichen Zeitverkürzung ab.

Mit dem letzten Satz des UW rundet sich die apokalyptische Folie ab, auf deren Hintergrund das UW verstanden sein will. Daß

---
[69] Hebel V, S. 216.
[70] Faber, a. a. O. (wie Anm. 51), S. 135.
[71] Hebel, Briefe, S. 203. 25. 3. 1804 an Haufe.

die Erde den Bräutigam »einmal wieder gegeben hat« (v. 62), wird als Weissagung dessen verstanden, daß sie ihn »zum zweytenmal auch nicht behalten« wird. Dabei ist auch diese Umschreibung der Auferstehung mit »wiedergeben« biblisch. So kündigt nämlich auch Apk 20,13 die Totenauferstehung an: Das Meer, der Tod und die Unterwelt geben die Toten zurück: ›Und das Meer gab die Todten, die darinnen waren; und der Tod und die Hölle gaben die Todten, die darinnen waren‹ (Apk 20,13). Auch 4Esr 7,32 spricht davon, daß die Erde die in ihr Schlafenden zurückgeben wird: ›et terra reddet quae in ea dormiunt.‹ Auch nach 4Esr 7 gehört es zur Offenbarung der neuen Schöpfung am ›dies iudicii‹, daß es licht wird: ›neque tenebras neque sero neque mane [...] neque meridiem neque noctem neque ante lucem, nisi solummodo splendorem claritatis Altissimi‹ (4Esr 7,40.42).

Der abschließende Nebensatz »als sie fortgieng, und noch einmal umschaute« (UW 63) läßt vom im UW proleptisch sichtbar gewordenen neuen Äon aus noch einmal zurückschauen auf den alten. Dieser Rückblick vollzieht sich in der Textstruktur des UW als kompositioneller Rückverweis: Ist am Anfang des UW der Dialog durch die Verben »und sagte« und »sagte sie« gerahmt, so auch am Ende der Geschichte. Denn auch hier wird das »sagte sie« aus v. 55 in v. 63 verdoppelt. So sind Anfang und Ende des UW ähnlich gerahmt. Diese Korrespondenz läßt sich bis hinein in die Interpunktion verfolgen. Sowohl der erste Dialog als auch die abschließenden Sätze der Braut erhalten eine Gliederung durch einen Gedankenstrich (v. 4.62).

Sicher nicht zufällig ist, daß nicht nur der Text des UW auf die Bibel Bezug nimmt, sondern auch der der Geschichte beigegebene Holzschnitt, der Erinnerungen an Darstellungen der Grablegung Jesu wachruft. Auffällig ist zudem, daß Hebel sich um eine kompositionell reflektierte Einbindung des UW in den Kalenderjahrgang 1811 bemüht hat. Der vorangehende Beitrag »Baumzucht«[72] schon präludiert das UW, bildet sozusagen einen Auftakt und läßt auf die abschließende Formulierung des UW (»Schlafe nun wohl und laß dir die Zeit nicht lange werden. Ich habe nur noch wenig zu thun, und komme bald, und bald wirds wieder Tag«) vorausblicken. Nach

---

[72] Hebel II, S. 277–281.

den humorvollen Ausführungen über die Nützlichkeit der Baumzucht und dem Rat, einem jeden Kind einen Baum zu pflanzen, heißt es dort:»Wenn mir aber der liebe Gott eines von meinen Kindern nimmt, so bitte ich den Herrn Pfarrer oder den Dekan, und begrabe es unter sein Bäumlein, und wenn alsdann der Frühling wiederkehrt, und alle Bäume stehen wie Auferstandene von den Todten in ihrer Verklärung da, voll Blüthen und Sommervögel und Hoffnung, so lege ich mich an das Grab, und rufe leise hinab: ›Stilles Kind dein Bäumlein blüht. Schlafe du indessen ruhig fort! Dein Maytag bleibt dir auch nicht aus‹.«[73] Diese Reihenfolge der beiden Geschichten hat Hebel im Aufbau des 1811 bei Cotta erschienenen »Schatzkästlein des rheinischen Hausfreundes« beibehalten und überdies in der Vorrede zu demselben auf das UW verwiesen: »Übrigens, sagt die Verlagshandlung, findet sich das Beste nicht sogleich am Anfang, sondern in der Mitte, und wie an einem Ballen Tuch am Ende des Büchleins, von welchem auch das letzte Muster im Morgenblatt abgeschnitten ist. Sie rechnete auf viele Leser, die, wie die Bekenner des mosaischen Gesetzes, dort zu lesen anfangen, wo andere aufhören.«[74] Das UW steht im ›Schatzkästlein‹ an vorletzter Stelle.

3. Das ›Unverhofte Wiedersehen‹ und seine Quelle

Das UW ist nicht nur Hebels bekannteste Kalendergeschichte, sondern auch diejenige, über die am meisten veröffentlicht worden ist. Besonders dem Vergleich des durch verschiedene Dichter bearbeiteten Stoffes wurden mehrere Arbeiten gewidmet.[75] Jedoch wurde,

---

[73] Ebd., S. 281. Vgl. Knopf, a. a. O. (wie Anm. 14), S. 136.
[74] Hebel III, S. 599.
[75] Vgl. Michael Scherer, Die Bergwerke zu Falun. Eine Studie zu E. T. A. Hoffmann und J. P. Hebel, in: Blätter für den Deutschlehrer 1958, Heft 1, S. 16. Ausführlicher: Georg Friedmann, Die Bearbeitungen der Geschichte von dem Bergmann von Falun, Berlin 1887. Einen Überblick verschafft Karl Reuschel, Über Bearbeitungen der Geschichte des Bergmanns von Falun, in: Studien zur vergleichenden Literaturgeschichte 3 (1903), S. 1–28. Vgl. auch Johannes Pfeiffer, Wege zur Erzählkunst, Hamburg ⁶1964, S. 46–52 zum Vergleich der Verarbeitungen des Stoffes durch Hebel und E. T. A. Hoffmann. Zu Hugo von Hofmannsthal vgl. Curt von Faber du Faur, Der Abstieg in den Berg. Zu Hofmannsthals ›Bergwerk zu Falun‹, in: Monats-

da bisher eine biblisch-theologische Arbeit zum UW fehlte, nicht die Frage gestellt, wie Hebel durch seine Bearbeitung des Stoffes vom Bergmann zu Falun der Geschichte ein eigenes theologisches Gepräge gegeben hat. Dies soll hier im Vergleich mit dem Text, der wohl die Vorlage Hebels war, nachgeholt werden, indem die Propria der Hebelschen Version benannt werden sollen.

Hebel lag höchstwahrscheinlich der Abdruck eines Textes aus Gotthilf Heinrich von Schuberts ›Ansichten von der Nachtseite der Naturwissenschaften‹[76] in der Zeitschrift ›Jason‹[77] vor. Unter der Überschrift »Dichter-Aufgabe«[78] wurde der Text abgedruckt und zu dichterischer Bearbeitung des Stoffes aufgerufen. Im folgenden wird der gesamte Text des Artikels wiedergegeben:

»VI.
Dichter=Aufgabe.*)

›Man fand einen ehemaligen Bergmann in der schwedischen Eisengrube zu Falun, als zwischen zwee Schachten ein Durchschlag versucht wurde. Der Leichnam, ganz mit Eisenvitriol durchdrungen, war Anfangs weich, wurde aber, sobald man ihn an die Luft gebracht, so hart wie Stein. Funfzig Jahre hatte derselbe in einer Tiefe von dreihundert Ellen in jenem Vitriolwasser gelegen; und niemand hätte die noch unveränderten Gesichtszüge des verunglückten Jünglings erkannt, niemand die Zeit, seit welcher er in dem Schachte gelegen, gewußt, da die Bergchroniken, so wie die Volkssagen bey der Menge der Unglücksfälle in Ungewißheit waren, hätte nicht das Andenken der ehmals geliebten Züge eine alte treue Liebe bewahrt. Denn als um den kaum hervorgezognen Leichnam das Volk, die unbekannten jugendlichen Gesichtszüge betrachtend steht, da kommt an Krücken und mit grauem Haar ein Mütterchen, mit Thränen über den gelieb= [S. 395] ten Todten, der ihr verlobter

---

hefte für deutschen Unterricht, deutsche Sprache und Literatur 43 (1/1951), S. 1-14. Vgl. darüber hinaus Elisabeth Frenzel, Stoffe der Weltliteratur. Ein Lexikon dichtungsgeschichtlicher Längsschnitte, Stuttgart ³1970, S. 91-93.
[76] Gotthilf Heinrich von Schubert, Ansichten von der Nachtseite der Naturwissenschaften, Leipzig 1808, S. 121.
[77] Jason. Eine Zeitschrift. Herausgegeben von dem Verfasser des goldnen Kalbes (= Christian Ernst Graf von Bentzel-Sternau). Jahrgang 1809. Erster Band. Januar bis April, Gotha 1809, S. 394-396 (HAB Wolfenbüttel Za 214).
[78] Ebd., S. 394.

Bräutigam gewesen, hinsinkend, die Stunde segnend, da ihr noch an den Pforten des Grabes ein solches Wiedersehen gegönnt war, und das Volk sah mit Verwunderung die Wiedervereinigung dieses seltnen Paares, davon das Eine, im Tode und in tiefer Gruft das jugendliche Aussehen, das Andere, bey dem Verwelken und Veralten des Leibes die jugendliche Liebe treu und unverändert erhalten hatte; und wie bey der funfzigjährigen Silberhochzeit der noch jugendliche Bräutigam starr und kalt, die alte und graue Braut voll warmer Liebe gefunden wurde.‹

Hehrer Sänger des Mädchens aus der Ferne, der Cereslage, der Geisterstimme, der Bürgschaft, Toggenburgs, der Glocke, des Drachenkampfs, des Tauchers und des Ganges nach dem Eisenhammer! – Warmer Sänger Leonorens und des braven Mannes! – warum hängt euer Meister= Saitenspiel im Schatten, aus welchem dieser Stoff für die Meisterhand hervortritt! – –

Er werde Begeisterungsstoff für die Nachfolger auf eurer hohen und reizenden Bahn – sie mögen schon erweckt seyn oder erwachen!

Der Preis dieser Dichteraufgabe, welche den Genius der Liebe an der Grenzscheide des Todes und Le= [S. 396] bens, zwischen der stummen Vergangenheit und der lauten Sehnsuchtsklage der Folgezeit, in dem beyde vermählenden Spiegel der Gegenwart zeigt, ihr Preis liegt im schöpferischen Aneignen der *einzigen* Situation; in der Thräne der Rührung, die schon ihre einfache Erzählung hervorlockt; im Triumf der möglichen vielseitigen Gestaltung.

*) Aus Schuberts genialen *Ansichten von der Nachtseite der Naturwissenschaft*; verhältnißmäßig noch wenig beachtet, und doch der Achtsamkeit und Erwägung höchst würdig; worüber sich der Vorleser noch einen eignen Monolog vorbehält.«

Die Quelle spricht nur von der Wiederauffindung des Bergmannes und dem Wiedersehen der Brautleute, wobei die Vorlage schon das Stichwort »Wiedersehen« an die Hand gibt, woraus Hebel den Titel »Unverhoftes Wiedersehen« gebildet hat. Die gesamte Exposition, der Anfangsdialog der Brautleute, das Zitat aus der Agende (»So nun jemand Hinderniß wüßte«; v. 8), die Erzählung vom Verschwinden des Bergmannes, wie auch der spiegelbildlich komponierte Zeitraffer stammen von Hebels Hand. Die oben aufgewiesene spiegelbildliche Makro- und Mikrostruktur der Hebelschen Version erklärt sich vielleicht daraus, daß Hebel auf die Komposition dieser Kalendergeschichte besonders viel Mühe verwandt hat, da es sich um eine durch die Zeitschrift ›Jason‹ ausgeschriebene Dichteraufgabe handelte. Auffällig ist, daß die theologisch überaus relevanten Datierungen St. Johannis und St. Luciä von Hebels Hand stammen.

Die Nennung der Zeitspanne der fünfzig Jahre zwischen Verschüttung und Wiederauffindung des Bergmannes (»Funfzig Jahre hatte derselbe [...] in jenem Vitriolwasser gelegen«) zieht Hebel ganz an den Anfang seiner Bearbeitung (»In Falun in Schweden küßte vor guten fünfzig Jahren und mehr«; v. 1), um sie dann noch einmal in die Rede der Braut nach der Wiederauffindung ihres Verlobten einzuflechten (»um den ich fünfzig Jahre lang getrauert hatte«, v. 46). An einigen Stellen ist die Quelle in Hebels Bearbeitung klar wiederzuerkennen:

»als zwischen zween Schachten ein Durchschlag versucht wurde«	»Als aber die Bergleute [...] zwischen zwey Schachten eine Öffnung durchgraben wollten« (v. 36)
»Funfzig Jahre hatte derselbe in einer Tiefe von dreihundert Ellen in jenem Vitriolwasser gelegen«	»gute dreyhundert Ehlen tief unter dem Boden gruben sie aus dem Schutt und Vitriolwasser den Leichnam [...] heraus« (v. 37)
»die noch unveränderten Gesichtszüge des verunglückten Jünglings« »die unbekannten jugendlichen Gesichtszüge«	»sonst aber unverwest und unverändert war; also daß man seine Gesichtszüge und sein Alter noch völlig erkennen konnte« (v. 37f)
»da kommt an Krücken und mit grauem Haar ein Mütterchen«	»Grau und zusammengeschrumpft kam sie an einer Krücke an den Platz« (v. 43)
»das jugendliche Aussehen« »die jugendliche Liebe«	»den Bräutigam noch in seiner jugendlichen Schöne, und wie in ihrer Brust nach 50 Jahren die Flamme der jugendlichen Liebe noch einmal erwachte« (v. 48f)
»bey der fünfzigjährigen Silberhochzeit«	»als wenn es ihr Hochzeittag und nicht der Tag seiner Beerdigung wäre« (v. 54)

Die biblisch-eschatologische Ausgestaltung, die oben aufgezeigt worden ist, verdankt sich der Autorschaft Hebels, so z. B. die Bezeichnung des Leichnams als eines Schlafenden. Auch stammt die Erzählung von der Beerdigung des Leichnams von Hebel, die er als Weissagung der Auferstehung faßt, indem er durch seine Bearbeitung biblisch-eschatologisches Sprachmaterial einfließen läßt. Die Quelle spricht zwar von »den Pforten des Grabes«, faßt das Wiederauffinden des Bräutigams jedoch nicht als Prolepse der Auferstehung am Jüngsten Tag wie Hebel, sondern bleibt stärker im Rührseligen stecken. Auch Hebels Version ist gewiß eine rührende Geschichte, aber es ist doch auffällig, daß er sich insofern von der Quelle distanziert, als er das »Mütterchen«, das »mit Thränen über den geliebten Todten« den Leichnam erblickt, in die Braut verwandelt, von der es heißt: »und mehr mit freudigem Entzücken als mit Schmerz sank sie auf die geliebte Leiche nieder« (v. 44), deren Trauer als eine vergangene charakterisiert wird. Insofern ist Hebel auch über die Zielvorstellung hinausgegangen, die die Ausschreibung der Dichteraufgabe dahingehend formuliert hatte, daß »ihr Preis im schöpferischen Aneignen der einzigen Situation; in der Thräne der Rührung [liegt]«. Hebel hat also aus theologischer Motivation verändernd in die Quelle eingegriffen, da er das endzeitliche Abwischen der Tränen narrativ umsetzen wollte, und hat deswegen den in der Quelle vorliegenden Kontrast zwischen der alten Braut und dem jugendlichen Bräutigam durch einen weiteren ergänzt, nämlich durch denjenigen zwischen der getrösteten Braut und den Umstehenden, die »von Wehmuth und Thränen ergriffen« (v. 48) werden. Die Meinung von Nentwig, daß Hebel »an dem Stofflichen der Quelle nichts geändert«[79] habe, trifft nicht zu.

Zusammenfassend läßt sich Vorlage und Bearbeitung vergleichend sagen, daß Hebel die Quelle dahingehend bearbeitet, daß er sie biblisiert und damit theologisiert, und d. h. bei Hebel vornehmlich, daß er den vorliegenden Stoff eschatologisiert, worin sich ein hermeneutisches Programm zeigt, das Hebel in allen seinen Werken verschiedener Gattung umsetzt: In Kalenderbeiträgen, Predigten, Briefen, Gedichten und Bibeldichtung. Überall wird die biblische Sprache zum Fundament, so daß Hebel-Ton und Bibelton nicht voneinander zu trennen sind.

---

[79] Paul Nentwig, ›Unverhofftes Wiedersehen‹. Betrachtungen über die Prosadichtung von Johann Peter Hebel, in: Westermanns pädagogische Beiträge 2 (1950), S. 199-204, hier: S. 201.

Anhang

Abkürzungen

A. Biblische Schriften

1. Altes Testament

Gen	Genesis (1. Buch Moses)
Ex	Exodus (2. Buch Moses)
Lev	Leviticus (3. Buch Moses)
Dtn	Deuteronomium (5. Buch Moses)
Jos	Josua
Ri	Richter
1Sam	1. Buch Samuel
1Kön	1. Buch der Könige
2Kön	2. Buch der Könige
Neh	Nehemia
Esth	Esther
Hi	Hiob
Ps	Psalme(n)
Prv	Proverbien (Sprüche Salomos)
Hld	Hoheslied
Jes	Jesaja
Jer	Jeremia
Ez	Ezechiel
Dan	Daniel
Hos	Hosea
Sach	Sacharja
Mal	Maleachi

2. Neues Testament

Mt	Evangelium nach Matthäus
Mk	Evangelium nach Markus
Lk	Evangelium nach Lukas
Joh	Evangelium nach Johannes
Apg	Apostelgeschichte
Röm	Römerbrief
1Kor	1. Korintherbrief
2Kor	2. Korintherbrief
Kol	Kolosserbrief
1Thess	1. Thessalonicherbrief
1Tim	1. Timotheusbrief
1Petr	1. Petrusbrief
Hebr	Hebräerbrief
Apk	Apokalypse (Offenbarung des Johannes)

3. Außerkanonische Schriften

Sap	Sapientia (= Weisheit) Salomos
Sir	Jesus Sirach
Tob	Tobith
4Esr	4. Buch Esra

B. Sonstige Abkürzungen

GLA	Generallandesarchiv
HAB	Herzog August Bibliothek
LKA	Landeskirchliches Archiv
PTS	Praktisch-Theologisches Seminar
UB	Universitätsbibliothek
WTS	Wissenschaftlich-Theologisches Seminar

Namenregister

Nicht berücksichtigt wurden Namen von Herausgebern.

Abraham 27f, 82, 121, 150
Albrecht, Michael 70
Altwegg, Wilhelm 49
Arendt, Dieter 49
Augustin 158

Baden, Markgraf Karl Friedrich von 67
Baron, Salo 72
Battenberg, Friedrich 67, 69
Bee, Guido 39, 64
Benjamin, Walter 144–149
Bentzel-Sternau, Carl Christian Ernst Graf von 75
Bloch, Ernst 81, 131, 143
Braasch, Ernst-Otto 95
Brandl, Johann 98, 101
Brandt, Harm-Hinrich 69
Brauer, Johann Nikolaus Friedrich 67
Braunbehrens, Adrian 22, 45, 89

Christian VII., König v. Dänemark 150
Coccejus, Johannes 116
Cotta, Johann Friedrich 124, 143, 170
Cramer, Christian Carl 75
Cramer, Daniel 18
Crompton, Samuel 24

Däster, Uli 49, 130, 135
Daniel 167
David 30, 146f
Dietz, Max 98
Diez, Heinrich Friedrich 74
Dohm, Christian Wilhelm von 69f, 74
Dommer 98
Dubnow, Simon 67, 71f
Duncker, C. 151

Eber, Paul 34
Eisinger, Walther 57
Elia 21
Elisabeth 77
Esther 121
Ewald, Johann Ludwig 95f, 111–124

Faber, Richard 155f, 168
Faber du Faur, Curt von 170
Fecht, Gustave 56–59, 149, 163

Forskål, Peter 75
Franz I. 128, 142, 146
Frenzel, Elisabeth 171
Freund, Ismar 68
Freybe, Albert 158
Friedländer, David 70
Friedmann, Georg 170
Friedrich V., König von Dänemark 75f
Fries, Jakob Friedrich 71

Gauger, Hans-Martin 49, 56, 60
Gerhardt, Paul 29, 34f, 37f
Gerstner, Jakob Friedrich 121
Goeters, J. F. Gerhard 116
Goethe, Johann Wolfgang von 145
Goliath 86
Graetz, Heinrich 67
Gregor der Große 52
Grimm, Jakob 31
Grimm, Wilhelm 31
Gustav, König von Schweden 128, 142

Hagar 121
Hamann, Johann Georg 40, 81
Hanna (Frau des alten Tobias) 24
Hanna (Mutter Samuels) 77
Hardenberg, Karl August von 69
Hargreave, James 24
Haufe (Familie) 83f, 96f, 149, 159, 168
Haufe, Sophie 149
Hauptmann, Gerhart 24
Haven, Friedrich Christian von 75f
Hebel, Johann Jakob 60
Hebel, Johann Peter passim
Hebel, Susanna 60
Hebel, Ursula, geb. Örtlin 60
Heinemann, Jeremias 68f
Henke, Heinrich Philipp Konrad 112
Heraklit 52
Herder, Johann Gottfried 118
Heß, Johann Jakob 115f
Hiskia 13, 18
Hitzig, Friedrich Wilhelm 96, 98f, 152
Hoffmann, Ernst Theodor Amadeus 170
Hofmann, Johann Christian Konrad von 116

Hofmannsthal, Hugo von 170
Holzmann, Johann Michael 67
Holzmann, Philipp 67
Homer 80
Hübner, Johann 111

Isaak 30
Ismael 121

Jakob 26, 33
Jean Paul 97, 149
Jesaja 80f
Jesus Christus 20f, 24, 28, 33, 35, 59f, 62, 82, 137, 157f, 161f, 164, 168f
Jesus Sirach 31
Johannes der Täufer 156, 158
Jonathan 30
Joseph 20, 26, 36
Joseph II. 67, 128, 142, 146

Kant, Immanuel 40
Katz, Jakob 68–70
Katz, Peter 118
Klopstock, Friedrich Gottlieb 80
Knopf, Jan 140f, 152, 155f

Laban 33
Lavater, Johann Kaspar 70
Lazarus 161, 164
Leopold II. 128, 142, 146
Lessing, Gotthold Ephraim 79
Ludwig XVIII., König v. Frankreich 89
Luther, Martin 9, 19f, 22–24, 30f, 56, 113–118, 133f, 138

Maria Theresia 128, 142, 146
Maria (Schwester der Martha) 164
Martha 161f
Mathesius, Johannes 22
Mendelssohn, Moses 70
Michaelis, Johann David 75–77
Minder, Robert 138
Mojem, Helmut 142
Mose 77

Napoleon Bonaparte 71–73, 89, 128, 142
Nebukadnezar 167
Nentwig, Paul 174
Neumark, Georg 30, 35
Nicolai, Philipp 58–61
Niebuhr, Carsten 75

Noah 153
Noth, Martin 150

Oettinger, Klaus 73
Ossian 80

Pastor, Eilert 155f, 158
Paulus 30, 86
Paurenfeind, Georg Wilhelm 75
Pfeffel, Gottlieb Konrad 9f, 17f, 26f, 29, 33
Pfeiffer, Johannes 170
Pietzcker, Carl 49, 60, 139
Poliakov, Leon 67

Rahel 33
Rebecca 30
Reents, Christine 124
Rehabeam 146f
Reinhard, Sophie 60
Rengstorf, Karl Heinrich 71
Reuschel, Karl 170
Reuß, Franz 69f
Rhie, Tschang Bok 144
Richter, Jean Paul siehe siehe Jean Paul
Rößler, Martin 40
Rosenthal, Berthold 68
Rühs, Friedrich 71
Rürup, Reinhard 67, 69

Sailer, Johann Michael 120
Salomo 32, 77, 146
Sander, Nikolaus Friedrich 95f
Sarah 30
Saul 30
Scherer, Johann Ludwig Wilhelm 112
Scherer, Michael 141, 170
Schloemann, Martin 56
Schmid, Christoph von 112f, 117–121, 123f
Schmolck, Benjamin 59
Schoeps, Julius H. 69f
Schubert, Gotthilf Heinrich von 171f
Seiler, Georg Friedrich 111f
Semler, Johann Salomo 121
Seneca, Lucius Annaeus 52
Stadler, Arnold 49
Stark, Johann Friedrich 59
Steiger, Johann Anselm 9, 19f, 25, 29, 37, 64, 71, 81, 95, 98f, 111, 115, 117f, 130, 163

Steiger, Lothar 149
Stein (Major) 128, 142, 150–152
Stierle, Karlheinz 135, 140
Stock, Ursula 116
Storck, Joachim W. 73
Struensee, Johann Friedrich Graf von 128, 141f, 150, 152

Tobias 24

Usia 139

Veterani, Friedrich Graf von 150f
Voith (Leutnant) 151
Volz, Theodor Friedrich 167

Wagenmann, J. 158
Wagner, Hans 146
Wagner, Lorenz Heinrich 112
Weinreb, Friedrich 142
Winter, Peter von 98, 101
Wittmann, Lothar 136, 155
Wolff, Christian 145
Wunderlich, Reinhard 116
Wurzbach, Constant von 151

Zandt, Jakob Friedrich 122
Zentner, Wilhelm 97

Bibelstellenregister

Altes Testament

Gen

1,2	157
1,5	157
1,27	132
5,2	132
8,22	153
12,1	27f
18	121
18,11	28
24,67	30
29,18f	33
45,3	20
45,4	20
47,9	52
49f	26
50,1	26

Ex

22,21f	19

Lev

11,14	53
11,20–23	77
18,14	31

Dtn

14,13	53

Jos

13,13	147
15,63	147
16,10	147
17,12	147

Ri

1,21	147
2,27	147
2,29	147
2,30	147
2,31	147
2,33	147
16,4	30

1Sam

16,21	30
18,1	30

1Kön

2,10	146f
9,8	54
11,43	146f
14,31	147
15,8	147
15,24	147
16,6	147
16,28	147
17	21
22,40	147
22,51	147

2Kön

8,24	147
10,35	147
13,9	147
14,16	147
14,29	147
15,7	147
15,22	147
15,38	147
16,20	147
20,21	147
21,18	147
24,6	147

Neh

9	150
9,6	150
9,7f	150
9,9–11	150
9,12–21	150
9,22–25	150

Esth

2,17	30

Hiob

7,6	18

Ps

3,4	28
10,14	19
10,18	19
37,8	56
37,37	56
45	133
45,1	133
45,3	133
68,6	19
84,3–5	133
84,4	132
90,12	18, 52
102,27	50
116,7	29
121,1	28
130,6	25
146,9	19

Prv

30,26	77

Hld

2,1	32
2,2	32
2,9	136f
2,10	137
2,13	137
4,5	32
5,2	136f
5,2ff	136
5,3–8	136
6,1	32
7,3	32
8,6	136
8,6f	165

Jes

6,3	59
17,2	53
32,13	53
32,14	53
34,4	58
34,13	53

34,15	53	*Ez*		*Sach*	
38,1	18	37	160, 162	14	144, 157
38,12	18	37,7f	160	14,5	139
40	81, 158	37,10	160	14,6	157
40,1-5	158			14,7	157, 164
40,1-8	158	*Dan*		14,8	144
40,3	158	1,12	167		
40,3-5	144	1,14	167	*Mal*	
40,4	158			3,19	54
60	80, 157	*Hos*			
60,19	157	10,8	139		
60,19f	58				
60,19-21	157	*Joel*			
60,20	157	2,1f	58		
62	56f	2,10	139		
62,6f	57, 61	4,16	139		
Jer		*Micha*			
26,18	53	3,12	53		
51,25	55				

Neues Testament

Mt		*Mk*		11,33	164
6	82f	1,3	158	12,1-19,42	134
6,25ff	82	9,6	20	12,12	134
6,26	82			15,15	33
6,28	82	*Lk*		16,16	63
8,24	143	1,28	133		
15,26	28	1,36	158	*Apg*	
15,26ff	28	2,36	28	17,28	19
15,27	29	10,34	23		
15,27f	29	10,35	23	*Röm*	
24	153	23,30	139	1,13	160
24,6	146			8,33	82
24,7 parr.	143	*Joh*		11,16-18	81
24,22	167	1,19-2,1	134		
24,29	58	1,29	134	*1Kor*	
24,35	50	1,35	134	4,2	30
24,37ff	153	1,43	134	13,7	23
24,40f	153	3,30	158	15	159f, 162
25,5	64	6,22	134	15,42	160
26,38	24	11	161f	15,50	160
26,40f	24	11,11	161	15,51f	160
27,52f	62	11,11f	62	15,52	160
27,54	143	11,13	161	15,53	160
28,2	143	11,24	161	15,54	160

2Kor		Hebr		8,5	55, 143
5,7	63	13,14	84	11,13	143
13,11	132			11,19	55
13,12	132	Apk		16	55
		1,10	157	16,12	55
Kol		2,10	167	16,18	55
3,12	21	3,11	168	20,13	169
3,12f	21	3,20	137	21,1	50
		6	139	21,1ff	56
1Thess		6,12	139, 143	21,2	168
5,21	120	6,12–17	139	21,4	26, 164
		6,13f	58	21,23	58, 157
1Tim		6,16	139, 144	21,23–25	59
1,17	160	7	55	22,5	157
		7,7	54	22,7	168
1Petr		7,10	54	22,20	168
5,5	21	7,17	164		

Apokryphen

Sap		3,7	23	36,24f	31
3,1	63	3,9	23		
7,22f	30	3,11	23	4Esr	
		3,12	23	7	169
Tob		3,14	23	7,32	169
2,19	24	3,15	23	7,40	169
6,22	30	3,34	23	7,42	169
		26,1	31		
Sir		26,3	31		
3	23	35,17	19		